SAINT GERMAIN

El misterio
de la
llama violeta

SAINT GERMAIN

El misterio
de la
llama violeta

ELIZABETH CLARE PROPHET

SUMMIT UNIVERSITY PRESS ESPAÑOL®

Gardiner, Montana

SAINT GERMAIN
El misterio de la llama violeta

Título original:
SAINT GERMAIN
Mystery of the Violet Flame
Elizabeth Clare Prophet
Copyright © 2021 The Summit Lighthouse, Inc.
Todos los derechos reservados.

Para más información contacte con The Summit Lighthouse,
63 Summit Way, Gardiner, MT 59030 EE. UU.
1-800-245-5445 / 406-848-9500
TSLinfo@TSL.org
www.SummitLighthouse.org

Library of Congress Control Number: 2022938402
(Número de control de la Biblioteca del Congreso: 2022938402)
ISBN: 978-1-60988-412-3
ISBN: 978-1-60988-413-0 (eBook)

SUMMIT UNIVERSITY 🦢 PRESS ESPAÑOL®

CONTENIDO

INTRODUCCIÓN

Vivimos el momento de la mayor revolución que se haya visto nunca antes. No se necesita ser muy astuto para leer la escritura en la pared de los acontecimientos de esta y de todas las naciones. Leemos las noticias. Miramos aquí y allá. Y hay días en los que preferiríamos no mirar.

Existe un miedo muy profundo, el temor a algo que el alma conoce a niveles subconscientes, pero que no es capaz de enfrentar con la mente consciente. Es el temor a los eventos venideros. Tenemos miedo de sacar a la luz, desde la penumbra de un antiguo recuerdo, la percepción del alma de un pasado estremecedor y de un futuro aún más impactante. Y, debido a que no permitimos que salga a la superficie, tenemos una nación que padece de insomnio, trastornos emocionales y mentales; insuficiencia cardíaca y enfermedades terminales.

Todos sentimos algo inminente. Las personas viven en estado de pánico a niveles subconscientes. Y ese pánico se exterioriza en las guerras que se despliegan por toda la faz de la Tierra, como la válvula de la olla a presión del subconsciente que se abre solo un poco. Sale, como la caja de Pandora. Es el fracaso para resolver los componentes internos del ser.

La falta de armonía interna trae como resultado el caos externo. Y, sin embargo, decimos: «*¿Qué puedo hacer?* No tiene sentido que mire más allá de mis intereses personales, porque de todos modos no puedo hacer nada».

Pensamos en la época anterior en que el rayo se transformara en electricidad o antes de que Einstein dividiera el átomo y nos diera la fórmula $E=mc^2$. Decimos que esas fueron eras oscuras. Pero hoy en día no tenemos mayor conocimiento acerca de la luz de Dios encerrada dentro de nosotros ni de lo que se sabía hace siglos sobre las fuerzas físicas más básicas.

Está tan cerca y tan próxima a nosotros. Sin embargo, vivimos al borde de la autodestrucción, pues nos hemos permitido decir que Dios es pasado o futuro; que está aquí o más allá, pero nunca tan cerca de nosotros, como para que sea ese instrumento práctico que sane nuestra alma.

Hay fuerzas espirituales en nosotros, en el interior de cada uno de los átomos y células, en el fuego de nuestro corazón. Si descubriéramos cuáles son estas fuerzas, conoceríamos cómo el calor ferviente y el encendido del amor meditativo puede hacer estallar ese átomo del Ser y emitir la energía que ha delineado los mundos, que ha creado y dejado de crear el Vacío. Puede comenzar una revolución de luz. Y puede hacer que la inminente era de Acuario sea en verdad una era de paz e iluminación.

Los ciclos de la Autopercepción Divina se mueven en períodos de dos mil años. En cada uno de estos ciclos, se produce el amanecer de una gran luz. En la era de Aries, la tradición judaica nos enseñó a comprender a Dios el Padre, el Dios personal individualizado que Moisés experimentó como el YO SOY EL QUE YO SOY.

El siguiente período de dos mil años, marcado por la venida del avatar Jesucristo, fue la dispensación de Piscis, destinada a darnos el entendimiento de Dios como Hijo. De este modo, a través de la reencarnación, vida tras vida tuvimos el propósito de vestir la conciencia de Dios el Padre y Dios el Hijo.

Ahora, mientras sentimos los vientos de la era de Acuario, encontramos la energía del Espíritu Santo sobre nosotros de muchas maneras: nuevos sonidos, nuevos ritmos, nueva ciencia, nueva tecnología y, por encima de todo, una libertad renovada.

La era de Acuario es el momento de entender la energía y su conquista del tiempo y el espacio, a través de la perfecta polaridad de los principios masculino y femenino del universo: Espíritu (cielo) y Materia (tierra). Las «lenguas hendidas» de fuego que descendieron sobre cada uno de los discípulos el Día de Pentecostés son estas llamas gemelas de Dios Padre-Madre que nos otorgan el impacto, la energía y el control del flujo creativo.

Este descenso del Espíritu Santo es una fuerza inmensa. Es un amor intenso. Esta acción amorosa es transmutativa, es decir, cuando esta energía fluye a través de nosotros es capaz de recrearnos según la imagen del Yo Real.

Tal como Jesús fue la puerta abierta al logro de la conciencia Crística en el ciclo de dos mil años de Piscis, de la misma manera el maestro acuariano Saint Germain viene hoy a iniciarnos en el sendero de la liberación del alma, a través del fuego sagrado del Espíritu Santo, que denominamos la llama violeta.

SAINT GERMAIN:
ALQUIMISTA, ADEPTO
Y VISIONARIO

Saint Germain vivió para liberarnos. Eso resume, en una sola frase, las muchas encarnaciones de Saint Germain. Aunque desempeñó muchos roles, en cada vida trajo la luz Crística en la profecía y la alquimia de la libertad, con el fin de liberar a la gente de la Tierra.

Sobresale como el Maestro del séptimo rayo y de la séptima era. Viene a iniciarnos en el don de *profecía* y de *hacer milagros,* para que podamos anticipar mediante el Espíritu de los profetas lo que nos sobreviene y, de esta manera, revertir la marea por medio de la milagrosa llama violeta.

El Maestro Ascendido Saint Germain

UNA ANTIGUA CIVILIZACIÓN
DE LA ERA DORADA

Hace más de cincuenta mil años, una civilización de la era dorada prosperaba en un país fértil con clima semitropical, en el lugar donde se encuentra actualmente el desierto de Sahara. Estaba lleno de gran paz, felicidad, prosperidad y lo gobernaba este mismo Saint Germain con justicia suprema y sabiduría.

La mayor parte de sus súbditos retenían el uso pleno y consciente de la sabiduría y el poder de Dios. Poseían capacidades, que hoy se considerarían sobrehumanas o milagrosas. Sabían que eran extensiones del Sol Central: corrientes de vida que emanaban del Gran Eje del cosmos Espíritu-Materia.

Pues su sabio gobernante había delineado para ellos su historia cósmica en un gran mural ubicado en el centro de la ciudad capital: «la ciudad del Sol». Su objetivo era que no olvidaran la Fuente, de donde habían venido ni su razón de ser: convertirse en centros solares en esta galaxia distante, que ahora llamaban hogar, extensiones de la Ley del Uno. Pues eran parte de un universo en expansión; y su sentido de medida comparable con el Uno sostenía un conocimiento siempre presente del YO SOY EL QUE YO SOY.

Saint Germain fue un maestro de la antigua

sabiduría y del conocimiento de las esferas de la Materia. Gobernó toda área de la vida con Luz; su imperio alcanzó el apogeo de belleza, simetría y perfección, que nadie en la octava física había superado. Realmente, los patrones celestiales se exteriorizaban en el cáliz cristalino de la Tierra. Y la vida elemental servía para mantener la pureza de los cuadrantes de la Materia.

La gente consideraba a su jerarca como la más alta expresión de Dios, a quien deseaban emular y sentían un gran amor por su presencia. Él era la encarnación del arquetipo de la Cristeidad universal para esa dispensación y lo miraban como el estándar para su propia Divinidad incipiente.

Guy W. Ballard, bajo el seudónimo de Godfré Ray King, escribió el libro *Misterios desvelados,* en el que relató el viaje del alma, por el cual Saint Germain lo condujo a través de los registros akáshicos de esta civilización y su declive.[1]

Saint Germain le explicó que como en todas las eras pasadas, había una parte de la gente que se interesaba más por los placeres temporales de los sentidos que en el plan creativo superior del Gran Ser Divino. Esto hizo que se perdiera la conciencia del poder Divino en toda aquella nación, hasta que permaneciera activo en la misma ciudad [capital]. . . Los que gobernaban comprendieron que deberían retirarse y dejar que la gente aprendiera, a través de la dura experiencia, que toda su felicidad y bien les venía por causa de la adoración al Dios interior y que tendrían que regresar a la luz si deseaban ser felices.

De este modo, un consejo cósmico instruyó al gobernante que debía retirarse de su imperio y de su amado pueblo. Desde ese momento en adelante, su karma sería su gurú y legislador y el libre albedrío determinaría cuál sería el legado de luz que ellos retendrían.

De acuerdo con el plan, el rey celebró un gran banquete en el Salón enjoyado de su palacio, con la asistencia de sus consejeros y funcionarios públicos. Después de la cena, que se había precipitado en su totalidad, una copa de cristal llena de «pura esencia electrónica» apareció a la derecha de cada uno de los quinientos setenta y seis invitados. Era la copa de comunión de Saint Germain, quien con el manto y el cetro de los antiguos reyes y sacerdotes entregó su propia esencia de luz a quienes habían servido al reino con lealtad para la gloria de Dios. Mientras brindaban a la «Llama del Altísimo Viviente», supieron que nunca podrían olvidar por completo la chispa divina del Ser

Divino interior. Esta protección del alma, ofrecida a ellos a través del corazón siempre agradecido de Saint Germain, se sostendría a través de los siglos, hasta que se pudieran encontrar una vez más en una civilización donde los ciclos hubieran cambiado y recibieran el pleno conocimiento para buscar la Unión Divina; y esta vez no se irían nunca más de la Ciudad Dorada del Sol.

Ahora, un Maestro cósmico habló desde el Gran Silencio. Su mensaje se transmitió desde el salón del banquete a través de todo el reino. El ser resplandeciente, quien se identificó solo mediante la palabra *Victory* escrita en su frente, advirtió acerca de la crisis que vendría, reprendió a la gente por su ingratitud y descuido hacia la Gran Fuente Divina y les recordó acerca de la Antigua orden de obedecer la Ley del Uno: Amor. Luego, les dio la siguiente profecía de su karma:

> Un príncipe visitante se aproxima a vuestras fronteras. Entrará a esta ciudad en busca de la hija de vuestro rey. Estaréis bajo el gobierno de este príncipe, pero el reconocimiento de vuestro error será inútil. Todo será en vano, pues la familia real comenzará a estar bajo la protección y cuidado de aquellos cuyo poder y autoridad provienen de Dios y contra

quienes no podrá jamás prevalecer ningún
deseo humano. Estos son los grandes Maestros
Ascendidos de luz desde la ciudad dorada eté-
rica sobre esta tierra. Aquí vuestro gobernante
y sus amados hijos habitarán durante un ciclo
de tiempo.

El rey y sus hijos se retiraron siete días después. El
príncipe llegó al día siguiente y asumió el control sin
oposición alguna.

A medida que estudiamos la historia de la corriente
de vida de Saint Germain, vemos una y otra vez, que
las mismas personas a quienes quiso ayudar rechaza-
ron al maestro y la manera de manifestar su maestría
Divina; no obstante, recibieron con prontitud sus
dones de luz, vida y amor, frutos de su condición
de adepto, que entregaba sin reservas: sus hazañas
alquímicas, el elixir de la juventud, las invenciones y
predicciones.

El objetivo de sus encarnaciones, que se extendieron desde la civilización de la era dorada del Sahara
hasta la hora final de su vida como Francis Bacon,
siempre fue la de liberar a los niños de la luz, en
especial a quienes habían descuidado el manejo de los
ígneos principios de la Ley, que se habían abandonado
a sus propios esquemas kármicos; y a menudo estaban

atados a sus iniquidades. Su propósito fue ver el cumplimiento de la oración que ofreció en el banquete final de su reinado:

> Si ellos deben tener la experiencia que consume y quema la escoria y las nubes del ser exterior, entonces sostenlos y hazlos nacer en tu eterna perfección. Te llamo, Tú creador del Universo, Tú Supremo Dios Omnipotente.

EL TEMPLO DE LLAMA VIOLETA EN LA ATLÁNTIDA

Hace trece mil años, Saint Germain fue un sumo sacerdote del Templo de llama violeta en el continente de la Atlántida. Gracias a sus invocaciones y a su cuerpo causal, sostuvo un pilar de fuego, una fuente de llama violeta cantarina, que atraía a personas de cerca y de lejos, que acudían con el fin de liberarse de todas las condiciones que esclavizan el cuerpo, la mente y el alma. Lo lograban con su propio esfuerzo y a través de la ofrenda de invocaciones y la práctica de los rituales del fuego sagrado del séptimo rayo.

Una baranda circular de mármol tallado de manera compleja rodeaba el santuario, donde los suplicantes se arrodillaban en adoración a la Llama Divina, que algunos podían verla como llama violeta física, otros como una luz «ultravioleta» y otros no veían nada, aunque eran innegables sus poderosas vibraciones curativas.

El templo estaba construido con un mármol magnífico, cuyas tonalidades variaban desde el blanco brillante, matizado con vetas violetas y púrpura, hasta tonos más profundos del espectro del séptimo rayo. El núcleo central era un gran salón circular revestido con mármol violeta claro sobre un piso de mármol púrpura intenso. Tenía tres pisos de altura y estaba situado en medio de un complejo de áreas adyacentes destinadas a la adoración y a las diversas funciones de los sacerdotes y sacerdotisas, quienes prestaban servicio a la llama e intercedían con su voz de luz y profecía ante el pueblo. Los que oficiaban en este altar eran instruidos en el sacerdocio universal de la Orden de Melquisedec en el retiro del Arcángel Zadquiel, el Templo de la Purificación, ubicado en las Indias occidentales.

A través de las alturas y las profundidades de las eras que acontecieron, Saint Germain utilizó el impulso acumulado del séptimo rayo de su cuerpo causal de manera ingeniosa para asegurar la libertad para los Guardianes de la Llama que han mantenido vivas las «brasas» del altar de llama violeta de su templo atlante. Enalteció y fue un ejemplo de la libertad de

la mente y el espíritu. Al dotar a las cuatro libertades
sagradas de una identidad propia, defendió nuestra
libertad frente a la interferencia estatal, los tribunales
arbitrarios o el escarnio público, en asuntos que van
desde la investigación científica, las artes curativas y
hasta la búsqueda espiritual.

A partir de una plataforma de derechos humanos
básicos para un público responsable e inteligente,
educado en los principios de libertad y de igualdad
de oportunidades para todos, nos enseñó siempre
a defender nuestro derecho divino e inalienable de
vivir la vida de acuerdo con nuestra concepción más
elevada de Dios. Pues el Maestro ha dicho que ningún
derecho, ya sea simple o básico, puede estar seguro
durante mucho tiempo sin el apoyo de las gracias espirituales y de la Ley Divina que infunde en su ejercicio
una justicia compasiva.

EL PROFETA SAMUEL

De regreso al escenario del karma de su pueblo
como Samuel, profeta del Señor y juez de las doce tribus
de Israel, (c. 1050 a. C.), Saint Germain fue el mensajero para la liberación Divina de la progenie de Abra-
ham de la esclavitud de los sacerdotes corruptos, de los
hijos de Elí y de los filisteos, que los habían derrotado.

Samuel unge a David, de Antonio González Velázquez

Cuando el desobediente rey Saúl rechazó la palabra del Señor y el Señor lo desechó para que no fuera rey, «porque como pecado de adivinación es la rebelión y como ídolos e idolatría, la obstinación». El Señor envió a Samuel a Belén a la casa de Isaí para ungir al pequeño pastor David, el menor de los hijos de Isaí, para que fuera rey de Israel.

(I Samuel 15, 16)

Con la señal especial de la rosa azul de Sirio en su corazón, Samuel entregó a los obstinados israelitas una profecía paralela a sus discursos del siglo veinte, ambos vinculados de manera indisoluble con las alianzas de Dios en relación con el karma, el libre albedrío y la gracia:

Si de todo vuestro corazón os volvéis al SEÑOR, quitad los dioses ajenos y a Astarot de entre vosotros, y preparad vuestro corazón al SEÑOR, y solo a él servid, y os librará de la mano de los filisteos.

Luego, cuando el rey Saúl desobedeció a Dios, Samuel liberó al pueblo de su tiranía, al ungir a David como rey.

Vemos, entonces, que en cada una de las encarnaciones de Saint Germain está presente la cualidad de la alquimia, una transmisión del poder divino. Así ordenado como el instrumento del Señor, Samuel transfirió Su fuego sagrado en la unción de David y de la misma manera científica, lo retiró del rey Saúl cuando el Señor lo rechazó para que no fuera rey de Israel.

SAN JOSÉ

Fiel al hilo de profecía que se manifiesta a lo largo de sus vidas, Saint Germain fue San José del linaje del rey David, hijo de Isaí, cáliz escogido del Espíritu Santo, padre de Jesús en cumplimiento de la palabra del Señor a Isaías:

«Saldrá una vara del tronco de Isaí y un vástago retoñará de sus raíces».[2]

La visión de San José, Philippe de Champaigne

«He aquí, un ángel del Señor apareció en sueños a José y dijo: Leván-
tate y toma al niño y a su madre y huye a Egipto; y permanece allí hasta
que yo te diga; porque acontecerá que Herodes buscará al niño para
matarlo. Y él, despertando, tomó de noche al niño y a su madre y se
fue a Egipto».   (Mateo 2:13, 14)

SAN ALBANO,
PRIMER MÁRTIR DE BRITANIA

Esta señal indiscutible del adepto del séptimo rayo, a menudo con atuendo humilde, estuvo también presente como el poder del Espíritu Santo de la conversión de las almas y el control de las fuerzas naturales en su vida como San Albano, el primer mártir de las Islas Británicas en el siglo III. Albano fue un soldado romano, quien ocultó a un sacerdote fugitivo y este lo convirtió al cristianismo. Luego, Albano fue sentenciado a muerte porque se hizo pasar por el sacerdote y así le permitió escapar.

Una gran multitud se reunió para presenciar su ejecución; demasiadas personas pasaron sobre el puente que debía cruzarse. Albano oró y el río se separó, tras lo cual su verdugo se convirtió y rogó que le permitieran morir en lugar de Albano. Se denegó su petición y ese día lo decapitaron junto con el santo.

EL DESARROLLO DE LA FILOSOFÍA
DE LA CIVILIZACIÓN OCCIDENTAL

Pero Saint Germain no siempre se contó dentro de las filas de la Iglesia. Peleó contra la tiranía siempre que la halló, incluso en la falsa doctrina cristiana.

San Albano, Iglesia de todos los santos de
Evesham, Lincoln, Reino Unido

El primer mártir de Britania, Albano, fue venerado por el pueblo de
las Islas desde su muerte en el 303 d. C. Como escribe el reverendo
Alban Butler en su libro: *Vidas de los padres, mártires y otros principales santos:* «Nuestra isla durante muchas eras ha recurrido a San
Albano como su glorioso primer mártir y poderoso patrón con Dios
y reconoció muchos grandes favores recibidos de Dios, a través de
su intercesión».

Como el maestro instructor detrás de los neoplatónicos, Saint Germain fue la inspiración interna del
filósofo griego Proclo (circa 410-485 d.C.). Reveló la
vida anterior de su discípulo como filósofo pitagórico
y también mostró a Proclo la farsa del cristianismo
de Constantino y el valor del sendero de individua-
lismo (que conduce a la individualización de la llama
Divina), que los cristianos llamaron «paganismo».

Como el muy honorable director de la Academia
de Platón de Atenas, Proclo basó su filosofía en el principio de que solo hay una única realidad verdadera:
el «Uno», que es Dios o la Divinidad, la meta final de
todos los esfuerzos en la vida. El filósofo dijo: «Más
allá de todos los cuerpos está la esencia del alma y más
allá de todas las almas, la naturaleza intelectual y más
allá de todas las existencias intelectuales, el Uno».[3] A
lo largo de sus encarnaciones, Saint Germain demostró
una enorme amplitud de conocimiento en la mente de
Dios; era de esperar el alcance de la percepción de su
discípulo. Sus obras se extendieron hasta casi todas
las ramas del saber.

Proclo reconoció que su iluminación y filosofía
provenían de lo alto; de hecho, creyó ser alguien a
través de quien la divina revelación llegaba a la humanidad. «No parecía carecer de inspiración divina»,

escribió su discípulo Marinus, «porque de su boca sabia salían palabras similares a la nieve más espesa que cae; de modo que sus ojos emitían un resplandor brillante y el resto de su rostro brillaba con iluminación divina».[4]

De este modo, Saint Germain, vestido de blanco, con zapatillas enjoyadas y un cinturón que emitía fuego estelar de mundos lejanos, fue el misterioso maestro, que sonreía más allá del velo, al reflejar las imágenes de su mente en el alma del último de los grandes filósofos neoplatónicos.

MERLÍN

Saint Germain fue Merlín. El personaje inolvidable y de alguna manera la figura irrecuperable, quien aparece en las brumas de Inglaterra, a punto de adelantarse en cualquier momento para ofrecernos una copa del elixir burbujeante. Él, el «anciano», que conoce los secretos de la juventud y de la alquimia, quien delineó las estrellas en Stonehenge y movió una o dos estrellas, según se dice, mediante sus poderes mágicos, que no asombraría a nadie si apareciera de pronto en un escenario de Broadway, en los bosques de Yellowstone o al costado de alguna carretera en cualquier parte.

Merlin con el bebé Arturo, por N. C. Wyeth

Merlin fue el espíritu guía del rey Arturo, incluso antes de su nacimiento. Las leyendas cuentan que a cambio de concertar la unión
de Uther Pendragon e Igerne de Cornwall, Merlín exigió que el niño
que nacería, Arturo, fuera suyo. Merlín hizo que la espada y la piedra
aparecieran en el patio de la Catedral de Canterbury. Mediante la
prueba de la espada, que representa el poder del alma que es libre de
la esclavitud del apego a las cosas materiales, simbolizado por medio
de la piedra y el yunque, Arturo demostró su reinado. A partir de ahí,
Merlín permaneció al lado de Arturo como su consejero y amigo.

Pues Saint Germain *es* Merlín. Él nunca nos ha dejado; su espíritu cautiva las eras, nos hace sentir tan excepcionales y singulares como sus adornos de diamante y amatista. Merlín es la presencia insustituible, un vórtice susurrante, alrededor de cuya ciencia, leyendas y fatal romance, la civilización occidental se ha entrelazado.

Era el siglo quinto. En medio del caos que dejó la muerte lenta del Imperio romano, un rey surgió para unir una tierra dividida por jefes guerreros y desgarrada por los invasores sajones. A su lado estaba el anciano, mitad sacerdote druida, mitad santo cristiano, vidente, mago, consejero, amigo, quien condujo al rey a través de doce batallas para unir un reino y establecer un tiempo de paz.

En algún momento, el espíritu de Merlín sufrió una catarsis. La escena era de una feroz batalla, dice la leyenda. Mientras presenciaba la masacre, la locura se apoderó de él, al ver al mismo tiempo el pasado, el presente y el futuro, tan peculiar del linaje de los profetas. Huyó al bosque para vivir como un hombre salvaje; y un día, mientras se sentaba bajo un árbol, comenzó a pronunciar profecías en relación con el futuro de Gales.

El rey Arturo al recibir la espada Excalibur, por N. C. Wyeth

El joven rey Arturo habría muerto al instante por la espada del poderoso Pellinore, si Merlín no hubiera aparecido y «hechizado» al caballero. Debido a que la espada de Arturo se partió en dos durante esa feroz justa, Merlín y Arturo cabalgaron hacia el lago, donde de manera milagrosa vieron surgir del agua el brazo de la Dama del Lago, que sostenía la magnífica espada Excalibur.

«Me despojaron de mi verdadero ser», dijo. «Yo era como un espíritu y conocía la historia de los pueblos del pasado y podía predecir el futuro. Conocía entonces los secretos de la naturaleza, el vuelo de los pájaros, las estrellas errantes y el modo en que se deslizan los peces».[5] Tanto sus afirmaciones proféticas como sus poderes «mágicos» servían a un propósito: convertir a las tribus de los antiguos bretones en un reino unido. Su omnipresencia se recuerda en el antiguo nombre celta de Gran Bretaña: «Clas Myrddin», que significa «el recinto de Merlín».[6]

Al asesorar y ayudar a Arturo a establecer su reinado, Merlín procuró hacer de Gran Bretaña una fortaleza contra la ignorancia y la superstición, donde el logro de Cristo pudiera florecer y la devoción al Uno pudiera prosperar en la búsqueda del Santo Grial. Sus esfuerzos en este suelo darían sus frutos en el siglo diecinueve, cuando las Islas Británicas se convirtieron en el lugar donde la iniciativa individual y la industria pudieron desarrollarse como nunca antes en doce mil años.

Pero incluso, mientras Cámelot, la rosa de Inglaterra, surgía y florecía, la belladona se enredaba alrededor de sus raíces. La brujería, la intriga y la traición destruyeron Cámelot, mas no el amor de Lancelot y Ginebra como lo sugiere la descripción misógina de

Sir Thomas Malory. Por desgracia, el mito que él sembró oscureció a los verdaderos culpables durante estos largos siglos.

El hijo bastardo del rey Modred y su media hermana Margawse[7] quienes, con Morgana le Fay, y un círculo de hechiceras semejantes y caballeros negros se dispusieron a arrebatar la corona, encarcelar a la reina y destruir por un tiempo los lazos de amor que estos (los del sendero de la izquierda) nunca habían conocido o podrían hacerlo: una realidad que toda su voluntad, guerras y encantamientos no podrían tocar.

Así fue con gran pesar y el espíritu de un profeta que ha tenido visiones de tragedia y desolación, de alegrías efímeras y de la angustia penetrante de la retribución kármica exteriorizada incesantemente; que Merlín entró en la escena de su propio desenlace, cuando la absurda y astuta Vivien lo ató en los hechizos de su propia narración y quedó dormido. Sí, errar es humano, pero suspirar por la llama gemela que no existe es la suerte de muchos caballeros errantes, de reyes o profetas solitarios, quienes tal vez deberían haber desaparecido en la bruma en vez de sufrir la triste ignominia por su pueblo.

ROGER BACON
Y EL AMANECER DE LA CIENCIA

Algunos dicen que él aún duerme, pero subestiman de manera grosera el espíritu resiliente del hombre sabio. Regresó en el siglo trece en Inglaterra como Roger Bacon (c. 1214-1294). Volvió a entrar Merlín: científico, filósofo, monje, alquimista y profeta, para avanzar en su misión de sentar las bases científicas para la era de Acuario, que su alma algún día debería patrocinar.

Sin embargo, así como Saint Germain nos dice hoy en su libro Saint Germain sobre alquimia que los «milagros» se forjan mediante la aplicación precisa de las leyes universales, de igual manera, Roger Bacon tenía el propósito de que sus profecías demostraran que las máquinas voladoras y los aparatos mágicos eran productos del empleo de la ley natural que los hombres comprenderían con el tiempo.

¿Qué creía Bacon acerca de la procedencia de su asombrosa percepción? «El verdadero conocimiento no surge de la autoridad de otros ni de la lealtad ciega a dogmas anticuados», relató.

Dos de sus biógrafos escribieron que él creía que el conocimiento «es una experiencia muy personal:

Roger Bacon, por Howard Pyle

El científico monje en su estudio, rodeado de la sabiduría oculta y científica de las eras, a partir de *La llave de Salomón*, que supuestamente contenía las fórmulas mágicas de los reyes hebreos, hasta *El canon de la medicina* del médico persa Avicena pasando por las obras sobre la filosofía griega.

una luz que se comunica solo a la mayor intimidad del individuo, a través de los canales imparciales de todo el conocimiento y de todo el pensamiento».[8]

De este modo, Bacon, que había sido un profesor en la Universidad de Oxford y de París, decidió separar su persona y sus pensamientos de lo que planteaban y postulaban los residentes del mundo académico. Buscaría entonces y encontraría su ciencia en su religión. Al entrar en la Orden Franciscana de Frailes Menores, mencionó: «Dirigiré mis experimentos acerca de las fuerzas magnéticas de la magnetita en el mismo santuario en el que mi colega científico, San Francisco, llevó a cabo sus experimentos acerca de las fuerzas magnéticas del amor».[9]

Su visión del mundo desde el punto de vista científico y filosófico, sus atrevidos ataques a los teólogos del momento y su estudio de alquimia y astrología resultaron en acusaciones de «herejía e innovaciones», ¡por las que fue encarcelado en el año 1278 por sus propios compañeros franciscanos! Lo mantuvieron en un confinamiento solitario durante catorce años[10] y lo liberaron solo poco tiempo antes de su muerte. Aunque el tiempo de esta vida se había agotado y su cuerpo quebrado, sabía que sus esfuerzos no dejarían de tener impacto en el futuro.

La siguiente profecía que dio a sus estudiantes muestra los grandiosos ideales revolucionarios del espíritu indomable de esta llama viva de libertad: el portavoz inmortal para nuestras libertades científicas, religiosas y políticas:

Creo que la humanidad ha de aceptar como un axioma de su conducta el principio por el cual he entregado mi vida: el derecho a investigar. Es el credo de los hombres libres, esta oportunidad para probar, este privilegio de errar, esta valentía de experimentar una y otra vez. Nosotros los científicos del espíritu humano debemos experimentar, experimentar y siempre experimentar. A través de siglos de ensayo y error, a través de las agonías de la investigación... experimentemos con las leyes y las costumbres, con los sistemas monetarios y los gobiernos, hasta que tracemos el único rumbo verdadero, hasta que encontremos la majestad de nuestra órbita adecuada, así como los planetas en lo alto encontraron la suya...

Y luego, por fin, hemos de movernos juntos en la armonía de nuestras esferas, bajo el gran impulso de una sola creación: una unidad, un sistema, un designio.[11]

LA PROFECÍA DEL NUEVO MUNDO

Para establecer esta libertad en la Tierra, la corriente de vida de Saint Germain dio otro giro, como Cristóbal Colón (1451-1506). Más de dos siglos antes de que Colón navegara, Roger Bacon había preparado el terreno para el viaje de las tres carabelas y el descubrimiento del Nuevo Mundo, cuando afirmó en su *Opus Majus* que «el mar entre el fin de España a Occidente y el principio de la India a Oriente es navegable en unos pocos días, si el viento es favorable».[12]

Si bien la afirmación era incorrecta, en cuanto a que la tierra al oeste de España no era la India, contribuyó decisivamente al descubrimiento de Colón. El cardenal Pierre d'Ailly la copió en su *Imago Mundi*, sin señalar la autoría de Bacon. Colón leyó su obra y citó el pasaje en cuestión en una carta que escribió a los reyes Fernando e Isabel en 1498, en la cual dijo que su viaje de 1492 se había inspirado en parte en esta afirmación visionaria.

Colón creía que Dios lo había creado para que fuera «el mensajero del nuevo cielo y la nueva tierra, a los que Él se refirió en el Apocalipsis de San Juan, después de haber hablado de ello por boca de Isaías».[13] Su visión se remontó a la antigua Israel, tal vez incluso más lejos. Pues al descubrir el Nuevo Mundo, Colón creyó que él era el instrumento, por el cual Dios podría, como Isaías registró alrededor del año 732 a.C. «recuperar el remanente de su pueblo. . . y juntará a los desterrados de Israel y reunirá a los esparcidos de Judá de los cuatro confines de la tierra».[14]

Transcurrieron veintidós siglos antes de que se manifestara algo visible que pareciera ser el cumplimiento de esta profecía. Aunque a finales del siglo quince, Cristóbal Colón estaba preparando silenciosamente el escenario para que esta profecía se realizara, con la certeza de que había sido divinamente seleccionado para su misión. Estudió a los profetas bíblicos y escribió pasajes relacionados con su misión en un libro de su propia creación, al que llamó *Las profecías*; en su versión completa: *El libro de las profecías relacionado con el descubrimiento de las Indias y la recuperación de Jerusalén.*

Aunque la cuestión rara vez se destaca, es un hecho tan arraigado en la historia, que incluso la *Enciclopedia Británica* dice inequívocamente que: «Colón descubrió América por profecía antes que por astronomía».[15]

«Al llevar a cabo esta empresa de las Indias,» escribió al rey Fernando y a la reina Isabel en 1502, «ni la razón ni las matemáticas ni los mapas me sirvieron de nada: las palabras de Isaías se cumplieron por completo». Se refería a Isaías 11:10-12.

Retrato de un hombre, se dice que es Cristóbal Colón,
por Sebastiano del Piombo

Se ha considerado a Colón como una figura fundamental en la historia, el hombre que inició la era moderna. Su descubrimiento unificó el mundo y puso en marcha el proceso de integración global. El descubrimiento del Nuevo Mundo transformó el Viejo Mundo y preparó el terreno para una nueva era.

Por eso, aunque desconocemos si su mente externa
era consciente continuamente de ello, vemos que vida
tras vida, Saint Germain recreaba ese sendero dorado
hacia el Sol, un destino que completaría el círculo
para adorar la Presencia Divina y restablecer la era
dorada perdida.

SIR FRANCIS BACON:
CIENTÍFICO, ESTADISTA Y POETA

Como Francis Bacon (1561-1626), la mente más
grande que Occidente jamás haya producido, sus
múltiples logros en todas las áreas catapultaron el
mundo hacia la preparación del escenario para los
hijos de Acuario. En esta vida, fue libre para llevar
hasta su conclusión la labor que había comenzado
como Roger Bacon.

Los eruditos observaron las similitudes en el pensamiento de los dos filósofos e incluso entre el Opus
Majus de Roger Bacon y *De Augmentis* y el *Novum
Organum* de Francis Bacon. Esto se hace aún más
sorprendente por el hecho que el Opus de Roger nunca
se publicó durante su vida, cayó en el olvido y ¡y lo
imprimieron 113 años más tarde, después del *Novum
Organum* de Francis; y 110 años después de su *De
Augmentis!*

«Podría pintar su mente», escribió el famoso miniaturista Nicholas Hilliard en el borde del retrato que hizo de Francis Bacon a los 18 años. A esa edad, Francis ya había asistido a Cambridge durante tres años, se había desilusionado con su atmósfera agobiante, había entrado a Gray's Inn para estudiar leyes y estuvo tres años en los tribunales de Francia.

El genio insuperable de esta alma inmortal, este filósofo y rey, este sacerdote y científico, sin dudas pudo haber mantenido su humor con el inflexible lema de los tiranos, las torturas y las tragedias:

¡Si te golpean en una vida, regresa y derrótalos en la siguiente!

Francis Bacon es conocido como el padre del razonamiento inductivo y del método científico, que, más que cualquier otra contribución, son responsables de la era de la tecnología en la que vivimos. Sabía de antemano que solo la ciencia aplicada podría liberar a las masas de la miseria humana y el trabajo pesado para la mera supervivencia, con el fin de que pudieran buscar una espiritualidad superior, que la que una vez conocieron. Por lo tanto, la ciencia y la tecnología eran esenciales en el plan de Saint Germain para la liberación de sus portadores de luz, y a través de ellos, de toda la humanidad.

¡Su siguiente paso no fue menos audaz que la iluminación universal!

«La gran instauración» (restauración tras el decaimiento, el lapso o la dilapidación) fue su fórmula para cambiar «el mundo entero». Bacon ideó el concepto por primera vez cuando tenía 12 o 13 años, y más tarde, la cristalizó en su libro de 1607, que lleva el mismo nombre y que de hecho lanzó el Renacimiento inglés, con la ayuda de la tierna y cariñosa personalidad de Francis. A lo largo de los años, reunió a su alrededor a un grupo de hombres brillantes, quienes fueron responsables, entre otras cosas, de casi toda la literatura isabelina: Ben Jonson, John Davies, George Herbert, John Selden, Edmund Spenser, Sir Walter Raleigh, Gabriel Harvey, Robert Greene, Sir Philip Sidney, Christopher Marlowe, John Lyly, George Peele y Lancelot Andrewes.

Algunos de ellos eran parte de una «sociedad secreta», que Francis había formado con su hermano Anthony, cuando ambos eran estudiantes de leyes en Gray's Inn.

Este grupo incipiente, denominado «Los Caballeros del Casco» tenía como meta el avance del conocimiento mediante la expansión de la lengua inglesa y la creación de una literatura nueva no escrita en latín, sino con palabras que un inglés pudiera entender.

Francis también organizó la traducción de la versión del rey Jacobo (King James) de la Biblia, decidido a que la gente común tuviera el beneficio de leer por sí misma la Palabra de Dios. Más aún, como se descubrió en la década de 1890 en dos cifrados separados: una clave de palabras y otra bilítera insertada en la

Francis Bacon, primer vizconde de San Albano,
por John Vanderbank

Francis Bacon patrocinó la primera Sociedad Rosacruz, la orden de los rosacruces y jugó un papel fundamental en la fundación de la Orden Masónica. De su famosa novela *Nueva Atlántida*, los masones extraen su herencia de la Casa de Salomón y la tradición masónica de América como la Tierra Prometida, donde la cultura y la ciencia de la era dorada se elevarán otra vez.

tipografía de la impresión original de los *Folios de Shakespeare*,[16] Francis Bacon *fue* el autor de las obras que se atribuyeron al actor del sórdido pueblo de Stratford-on-Avon. Fue el genio literario más grande del mundo occidental.

Por ello, también, Bacon estuvo detrás de muchas de las ideas políticas sobre las que se basa la civilización occidental. Thomas Hobbes, John Locke y Jeremy Bentham tomaron a Bacon como su punto de partida ideológico. Sus principios revolucionarios son el motor que ha impulsado a la nación americana. Son la misma esencia del espíritu de superación. «Los hombres no son animales erguidos, afirmaba Bacon, sino Dioses inmortales. El Creador nos ha dado almas iguales a todo el mundo y, sin embargo, ni siquiera se han saciado con un mundo».[17]

Francis Bacon también continuó la tarea que había comenzado como Cristóbal Colón, al promover la colonización del Nuevo Mundo, pues sabía que allí sus ideas podrían arraigarse de manera más profunda y florecer plenamente. Convenció a Jacobo I para que fundara la isla de Terranova y fue un oficial en la Compañía de Virginia, que patrocinó el establecimiento de Jamestown, la primera colonia inglesa permanente en Estados Unidos. Y fundó la francmasonería, dedicada a la libertad y a la iluminación de la humanidad, cuyos miembros jugaron un gran papel en la fundación de la nueva nación.

Sin embargo, podría haber sido una mayor bendición aún para Inglaterra y todo el mundo, si se le hubiera permitido cumplir su destino.

Los mismos códigos que se encuentran a lo largo de las obras de Shakespeare, también están presentes en las propias obras de Francis Bacon y las que escribieron muchos de su círculo de amigos. Ambos cifrados contienen la verdadera historia de su vida, las reflexiones de su alma y todo aquello que él deseaba legar a las futuras generaciones, pero que no podía publicarlas abiertamente, por temor a la reina.[18]

Sus secretos revelan que debería haber sido Francis I, rey de Inglaterra. Él era el hijo de la reina Elizabeth I y de Robert Dudley, Lord Leicester; había nacido cuatro meses después de una ceremonia secreta de matrimonio. Pero ella, deseaba retener su condición de «reina virgen» y sentía temor de que, si reconocía su matrimonio, debía entregar el poder al ambicioso Leicester. Además, para que el pueblo no prefiriera a su heredero varón y exigiera a la reina el retiro prematuro del trono, se rehusó a permitir que Francis asumiera su verdadera identidad, bajo pena de muerte.

La reina lo tuvo en vilo toda su vida, nunca le otorgó un cargo público, no lo proclamó como su hijo ni le permitió cumplir los objetivos que él tenía para Inglaterra.

No, ella no permitiría que su hijo trajera la era dorada a Britania, que estaba destinada a venir, pero nunca llegó. ¡Qué cruel destino: una reina madre inflexible y despectiva ante su príncipe de la era dorada!

Se crio como el hijo adoptivo de Sir Nicholas y Lady Anne Bacon y cuando tenía quince años, escuchó la verdad acerca de su nacimiento, de los labios de su propia madre, al mismo tiempo que lo excluyó para siempre de la sucesión. En una noche, su mundo se derrumbó. Como el joven Hamlet, consideró una y otra vez la pregunta: «¿Ser o no ser?». De ahí, el dilema.

Al final, decidió no rebelarse contra su madre o, más tarde, contra su inapropiado sucesor, Jacobo I. Hizo esto, pese a que conocía el gran bien que pudo haberle otorgado a Inglaterra, pese a su visión de la nación «como podría ser, si se le gobernara sabiamente».[19] Sabía que tenía en su interior el poder para ser un monarca tal como la nación jamás había conocido, un verdadero padre del país. Escribió acerca de los «impulsos del cuidado patriarcal divino para su propia gente», que él podría ejercer,[20] aspectos del emperador de la era dorada en el Sahara.

Afortunadamente para el mundo, Francis decidió seguir su meta de iluminación universal, por los caminos de la literatura y la ciencia: como consejero del trono, defensor de la colonización y fundador de sociedades secretas, por medio de las cuales restableció el hilo de contacto con las antiguas escuelas de misterio. El medio para expresar su espíritu herido fue el de los mensajes cifrados, en los cuales vertió sus anhelos por una era futura.

Así, a partir de una visita celestial, tomó el mando, que lo llevó a alcanzar su inmortalidad mediante la rima de la verdad y no a través de la fama del reino. Atenea, la «agitadora de la lanza»,[21] fue su musa y patrocinadora: de este modo, las obras de Shakespeare recibieron de hecho su nombre.

DE ADEPTO A MAESTRO ASCENDIDO

Para el momento de su muerte en 1626, perseguido y no reconocido por sus múltiples talentos, Francis Bacon había triunfado sobre las circunstancias que hubieran destruido a hombres inferiores, pero en su caso demostraron el verdadero temple de un Maestro Ascendido.

Entra Saint Germain el 1° de mayo de 1684,
Dios de la Libertad para la Tierra.
Cubierto con una capa de estrellas,
está con su llama gemela,
la Diosa de la Justicia,
Con el cosmos como telón de fondo.
Ha venido a encender los fuegos
de la transmutación mundial
en los corazones sintonizados con los códigos
cósmicos y a evitar el cataclismo personal y
    planetario.
Él defiende la causa de la libertad Divina
ante los consejos de los hombres
y presenta su caso ante
el cuerpo mundial de portadores de luz.
Ofrece rescatar a los oprimidos;
regalo de su corazón y de su mente,
la joya más extraordinaria de todos
nuestros recuerdos terrenales.
Y de su cuerpo causal:
Esfera sobre esfera de la riqueza de sí mismo
que cosecha de la experiencia divina y humana.

Todo esto ofrece.
Como un mendigo con su cuenco rebosante,
recorre las calles del mundo
mientras observa a los transeúntes

con la esperanza de que siquiera uno en un millón
pueda aceptar el regalo que ofrece y lo lleve a su
      corazón como reconocimiento
de la Fuente, del Sol
y de la alquimia de la era tan cercana.
Sí, tan cercana como el libre albedrío y la chispa
      divina.
Está la resolución del dilema de la duda, de los
      conceptos perjudiciales y de la muerte.
Y tan lejos, tan lejos de la gracia
está la envidia del trabajador por nuestra cita de
      amor.
Así, sin él, viene la mañana de nuestra liberación
de los enredos de entrecruzamientos kármicos,
de nuestros garabatos y confusiones
durante siglos de aburrimiento
con personalidades muy inferiores,
oh, sí, que la de él.
Entra Saint Germain
en nuestro corazón para siempre, si solo se lo
      permitimos.

EL HOMBRE PRODIGIOSO DE EUROPA

El 1° de mayo de 1684 fue el Día de la Ascensión
de Saint Germain. Desde las alturas de un poder bien

ganado y más allá del poder de este mundo, aún se levanta con el fin de hacer revertir todos los intentos de frustrar su «Gran instauración» aquí abajo.

Al desear, por encima de todo, liberar al pueblo de Dios, ya sea que ellos quisieran liberarse o no, Saint Germain buscó y recibió una dispensación de los Señores del Karma para regresar la Tierra en un cuerpo físico.

Apareció como «le Comte de Saint Germain», un «milagroso» caballero que deslumbró a las cortes de Europa del siglo XVIII y XIX, donde lo llamaron «el hombre prodigioso». Y con justa razón. Nunca nadie había captado la atención de todo un continente como este Monsieur. Él era, como Voltaire lo describió «el hombre que nunca muere y que lo sabe todo».

Pero eso no era todo. También era el hombre que podía tocar el violín «como una orquesta». Era el hombre que hablaba un perfecto francés, inglés, italiano, español y portugués; experto en latín, griego, chino, sánscrito y árabe. El hombre que era un poeta, pintor y artesano; erudito, estadista y narrador.

No fue un personaje mítico que surgía de los chismes de salón. Federico el Grande, Voltaire, Horace Walpole y Casanova lo mencionaron en sus cartas. También lo hizo la prensa de la época: *The London*

Chronicle, de junio de 1760, *Le notizie del Mondo,* un periódico florentino en julio de 1770 y *The Gazette of the Netherlands.*

Madame du Hausset, ayudante de cámara de Madame de Pompadour, escribió extensamente sobre los prodigios de Saint Germain. Sus memorias nos cuentan que, en 1757, él se comprometió a eliminar un defecto de un diamante de tamaño mediano para Luis xv. Después de hacer que lo pesaran, escribió: «su majestad dijo al conde: "El valor de este diamante, tal como está y con la imperfección, es de seis mil libras. Sin el defecto, valdría al menos diez mil. ¿Podríais comprometeros a hacerme ganar cuatro mil libras?".

»Saint Germain lo examinó muy atentamente y dijo: "Es posible; se puede hacer. Os lo traeré de nuevo dentro de un mes".

»En el tiempo designado, el conde de Saint Germain devolvió el diamante sin una mancha y se lo entregó al rey. Iba envuelto en una tela de amianto, que retiró. El rey lo hizo pesar inmediatamente y vio que había disminuido muy poco. Su Majestad lo envió a continuación a su joyero [. . .] sin contarle nada de lo que había pasado. El joyero le daría nueve mil seiscientas libras por él. El rey, no obstante, pidió que se lo devolvieran alegando que lo guardaría como algo curioso».

El conde de St. Germain, grabado de Nicolas Thomas

Por supuesto, el rey estaba asombrado. Hizo el comentario que «M. de St. Germain debía valer millones, en especial si poseía el secreto de hacer grandes diamantes a partir de pequeños».

Nunca se descubrieron las fuentes de sus ingresos

ni de su patrimonio neto. Claramente, fue un hombre de recursos extraordinarios. Una condesa escribió que a pesar de que vestía con sencillez, llevaba gran cantidad de diamantes: en todos los dedos, en su reloj y en las hebillas de los zapatos. Los diamantes más finos adornaban incluso su caja de rapé. Pero respecto a hacer crecer los diamantes, Madame du Hausset nos dice que «que el conde no decía que podía o no, sino que afirmaba con seguridad que sabía cómo hacer crecer las perlas y darles la más fina apariencia».

De hecho, no había nada, parece ser, que no pudiera hacer. El marqués de Valbelle dijo haber visto a Saint Germain transformar en oro una moneda de plata de seis francos. En 1763, el conde Karl Cobenzl escribió en una carta que Saint Germain consumó «en mi presencia […] la transmutación de hierro en un metal tan bello como el oro».

¿Cómo lo hizo? A muchos les hubiera gustado conocer los secretos del conde: reyes, ministros, diplomáticos, místicos y sabios. Algunos, sin dudas, deseaban enriquecerse. Otros buscaban la ruina de Saint Germain, pues el Hombre Prodigioso tenía sus enemigos. Pero cualquiera que haya sido el propósito que tenían, ninguno descubrió nada acerca de él, que no deseaba que conociesen. El conde era un hombre misterioso.

Nadie sabía de dónde venía ni qué edad tenía, aunque se especulaba mucho al respecto. Durante 112 años, a partir de 1710, esa sociedad europea informó al verlo, que el Hombre Prodigioso parecía tener cuarenta y cinco años. Pero cuando se le preguntaba, se negaba amablemente a revelar su fecha de nacimiento. Pudo admitir solo a una condesa que era muy viejo.

Algunas veces parecía estar bromeando. ¿O estaba leyendo de *akasha?* Madame de Pompadour escribió que él podía describir escenas de la corte de Valois [siglo catorce a dieciséis] con detalles tan precisos y minuciosos, que daba la impresión inequívoca de que había estado allí.

Se decía que el Hombre prodigioso preparaba medicamentos que prolongaban su vida y conocía el secreto del elixir de la vida. Un escritor de memorias dijo que administró un elixir a Madame v. Georgy «que durante veinticinco años le hizo guardar la apariencia de tener veinticinco años». Este no fue el fin de los prodigios del conde.

Sus modales eran exquisitos y era un conversador brillante, aunque a veces enigmático. Madame d'Adhémar, confidente de María Antonieta, informó haberlo visto desaparecer afuera de los aposentos reales en Versailles. Cornelius van Sypesteyn escribió que él podía «amansar a las abejas y hacer que las serpientes escucharan música». Los yoguis de la India realizaban también tales hazañas; no obstante, no les restaban valor a sus cualidades extraordinarias.

¿Pero cuál era el fin de las tareas del conde? Un hombre con una riqueza infinita y una vida eterna no necesita impresionar. La verdad del asunto es que él tenía una cantidad de objetivos, incluido el de dispersar la tormenta que se avecinaba, que finalmente estalló en Europa como la Revolución francesa.

El conde tenía la capacidad de describir el futuro con la misma precisión con la que recordaba el pasado. Vio que vendría la Revolución francesa mucho tiempo antes del reino del terror y la guillotina, cuando la sangre corrió por las calles de París.

Pero ciertamente no pensó que fuese un acontecimiento inalterable. No, de verdad. «Se está creando una conspiración gigantesca, que aún no tiene un jefe visible, pero él aparecerá en poco tiempo,» dijo a Madame d'Adhemar algunos años antes de la revolución, cuando el trono francés era la institución más espléndida de Europa. Ella registró su profecía en su diario: «El objetivo es nada menos que el derrocamiento de lo existente, para reconstruirlo en un nuevo plan. Existe mala voluntad hacia la familia real, el clero, la nobleza y la magistratura. Sin embargo, todavía hay tiempo de frustrar el complot; más tarde, esto sería imposible».

Al parecer, el Hombre prodigioso tenía en mente ayudar a efectuar una transición tranquila desde una forma de gobierno monárquica a otra republicana. Sabía que el viejo orden estaba pasando y trabajó para establecer los Estados Unidos de Europa antes de que la Revolución francesa al final no dejara nada bueno ni malo de sus casas reales.

El Conde de Saint Germain intentó advertir a Luis XVI de las redes de intriga que se estaban urdiendo alrededor de la monarquía, informó Madame d'Adhémar. En primer lugar, explicó a María Antonieta lo que sucedería. Luego, él le suplicó que previniera al rey y organizara un encuentro entre ambos, sin la presencia del principal consejero del rey, Monsieur de Maurepas.

Madame d'Adhémar, que estaba presente en la reunión que tuvieron el Hombre prodigioso y María Antonieta, registró estas palabras: «Todavía pasarán algunos años en una calma engañosa; luego, de todas partes del reino, se levantarán hombres ávidos de venganza, de poder y de dinero; lo echarán todo por tierra a su paso... La guerra civil estallará con todos sus horrores; traerá consigo asesinato, saqueo, exilio. Entonces lamentarán no haberme escuchado».

Por desgracia, no solo en su propio país un profeta puede estar sin honor. Maurepas, un enemigo acérrimo del conde Saint Germain, intervino. El rey y el conde nunca se encontraron. El resto es historia.

Por supuesto, hay mucho más para contar. Pero muchas de las cosas que se podrían decir ya están incluidas en la introducción del libro *Saint Germain sobre alquimia,* titulada *El hombre prodigioso de Europa.* También aparecen en *El conde de Saint Germain,* de Isabel Cooper-Oakley. Este último libro, en gran parte es una colección de relatos de testigos de los asombrosos trabajos del conde Saint Germain, extraídos de cartas y diarios, archivos familiares y documentos estatales, incluso archivos de correspondencia diplomática secreta de la Oficina de Registro nacional británica.

«De este modo, se destaca con claridad el carácter de quien algunos llaman un "mensajero" de esa jerarquía espiritual, por medio de la cual se guía a la evolución del mundo», concluyó Cooper-Oakley. «Así es el valor moral de un hombre, a quien los críticos frívolos de la Tierra llamaron "aventurero"».

Sin duda, la acusación de charlatanería nació tanto

de los celos por sus poderes, como de la incredulidad en sus milagros. Un grupo anónimo de jesuitas acusó al conde Saint Germain en su tiempo, sin fundamento alguno, de «inmoralidad, infidelidad y anarquía»; y debido a su labor con los alquimistas y los masones, Abbé Barruel y más tarde Nesta Webster lo incriminaron de ser un mago aliado a diversas sociedades secretas infames, que buscaban el derrocamiento de Francia, incluida la de los Illuminati bávaros, fundada en 1776 por Adam Weishaupt.

Desde 1786, cuando el gobierno bávaro expuso y suprimió a los Illuminati, se ha conocido bien que era una organización subversiva que Weishaupt y el barón von Knigge insertaron de manera engañosa dentro del cuerpo de la masonería, que tenía una perspectiva antirreligiosa y antimonárquica, que se oponía con empeño a los objetivos y a la filosofía de la masonería. Más aún, algunos creyeron que jugó un papel crucial para impulsar la Revolución francesa. Las acusaciones de Barruel y de Webster al parecer surgen de su interpretación incorrecta de la historia de las sociedades secretas y los poderes místicos del conde Saint Germain.

Algunas críticas al conde se generaron solo a partir de semillas de superstición nacidas del temor. Como el caso en cuestión: Saint Germain nos relató cómo él caminaba por las calles de París y curaba a los niños de una enfermedad similar a la poliomielitis. Al tocarlos, ellos se recuperaban casi al instante; y, sin embargo, sus madres los jalaban con brusquedad para que no los tocara y lo llamaban *diable,* diablo.

Pero, como hemos visto, el desenlace más doloroso para el Hombre prodigioso fue el de no haber podido asegurar la respuesta necesaria de aquellos que hubieran podido revertir la marea en los asuntos de los hombres y las naciones. La realeza estaba dispuesta a considerar al adepto, pero sin renunciar a su poder ni avanzar con los vientos del cambio democrático. Ellos y sus celosos ministros ignoraron su consejo y abrieron la puerta a la guerra y al derramamiento de sangre que repercutieron a través de los siglos desde entonces.

En un intento final de unir a Europa, Saint Germain respaldó a Napoleón, quien abusó del poder del Maestro, hecho que lo llevó a su propio final.

De esta manera, pasó la oportunidad de dejar de lado la debida retribución de una era y Saint Germain una vez más fue obligado a retirarse de una situación kármica. En este episodio, aunque era claro que Saint Germain fue el mediador, con sus milagros disponibles y el cumplimiento de sus profecías, ¡aun así se lo ignoró!

Bueno, así como el conde Saint Germain irrumpió de pronto en el escenario europeo, de igual manera desapareció. O tal vez es más exacto decir que después de 1822, fecha de su última aparición registrada, simplemente dejó de aparecer.

A fines del siglo XVIII, dijo a Franz Gräffer y al barón Linden que iría a «descansar» a los Himalayas. En 1875, Saint Germain ayudó a los Maestros M. (El Morya), K.H. (Koot Hoomi) y a Serapis Bey a fundar la Sociedad Teosófica. Pero eso no fue todo.

LA FUNDACIÓN DE ESTADOS UNIDOS

A lo largo del período en el que trabajó como «el conde», Saint Germain se había mantenido en servicio constante en diversas «tierras lejanas», incluso una que se convirtió en el semillero de la revolución: una tierra rústica que con el tiempo se llamaría los Estados Unidos de América. Nos ha dicho:

> Al no haber logrado captar la atención de la corte de Francia ni de otros soberanos de Europa, me dediqué al perfeccionamiento de la humanidad en general y advertí que había muchos que, hambrientos y sedientos de justicia, se sentirían satisfechos con la idea de una unión perfecta que los inspirara a asumir

el mando del Nuevo Mundo y a crear una unión entre los estados soberanos. Así nacieron los Estados Unidos, fruto de mi corazón y la Revolución americana fue el medio para que la libertad se manifestara en toda su gloria, de Oriente a Occidente.[22]

Así como Francis Bacon, él había visto a Estados Unidos como su última esperanza. Escribió en código:

Confío todo en el futuro y en una tierra que está muy lejos hacia la puerta del atardecer. Mantengo el futuro siempre en mi plan y busco mi recompensa, no para mi época ni para mis compatriotas, sino para un pueblo muy lejano y una era no como la nuestra, sino una segunda era dorada de aprendizaje.[23]

En *Los orígenes místicos de los Estados Unidos de América,* un artículo que aparece en el libro *Saint Germain sobre alquimia* se describe en detalle el papel que Saint Germain jugó detrás de bastidores en la fundación de los Estados Unidos de América. Inspiró a los masones con la visión de una unión de estados soberanos en un nuevo orden de las eras. Durante toda la Revolución y durante el largo invierno en Valley Forge, estuvo al lado de George Washington. Inspiró y dirigió la redacción de la Constitución y ungió a Washington como primer presidente de los Estados Unidos.

DEVELAR EL FUEGO SAGRADO

Ahora, una vez más, la Tierra está en una encrucijada. Una vez más, el jerarca de la era de Acuario está tratando de ayudar a la humanidad a evitar las catástrofes que podrían eclipsar a aquellas que sucedieron cuando no se escucharon las advertencias que hizo como el conde Saint Germain.

Como Saint Germain explicó:

> También he caminado por la Tierra en tiempos de caos como el Hombre Prodigioso de Europa. He demostrado un sendero y una maestría; sin embargo, nadie se pudo relacionar con él. Pues los libros no estaban escritos, la dispensación de llama violeta no se había conocido ni la oportunidad de dar a las masas populares la comprensión de la ciencia de decretos, mediante los medios de comunicación de las masas.

> No había forma por la cual el pueblo o la realeza misma pudiera seguir mis pasos en el sendero. Todo lo que podían hacer era grabar

en su memoria la demostración de mis proezas alquímicas.[24]

En el siglo pasado, Saint Germain fue ante los Señores del Karma y les propuso que el conocimiento de la llama violeta estuviera disponible para toda la humanidad. Como garantía de esta dispensación, Saint Germain ofreció su propio impulso acumulado personal del séptimo rayo que había acumulado durante miles de años. El uso científico de la llama violeta en esta era se ha hecho posible, gracias a Saint Germain, para que pudiéramos experimentar con la alquimia de la autotransformación a través del fuego sagrado.

El conocimiento de la llama violeta nunca se había dado fuera de los retiros de los Maestros Ascendidos. Sin embargo, los Señores del Karma acordaron que se entregara a cierto núcleo de devotos. Si el experimento resultaba exitoso, ellos iluminarían a las masas en relación con su uso. A principios de la década de 1930, por lo tanto, Saint Germain fundó la actividad YO SOY y emitió la dispensación de la llama violeta.

Cuando la humanidad en su conjunto no respondió, los Señores del Karma dijeron a Saint Germain que no le darían «ninguna otra asignación de energía, para que los hombres la tomaran, la disiparan y la desperdiciaran». En las propias palabras de Saint Germain:

Después de patrocinar durante setenta mil
años diversos emprendimientos para la iluminación y la libertad de la humanidad... me
cortaron las alas. Y solo tuve que resistir y
esperar que algún otro jerarca pudiera aparecer para implorar una dispensación de luz para
la humanidad, para las almas de luz.[25]

En 1958, El Morya, en el nombre de Saint Germain,
fundó The Summit Lighthouse para la divulgación y
publicación de las enseñanzas de los Maestros Ascendidos y el establecimiento de la comunidad del Espíritu
Santo en la era de Acuario. Saint Germain ungió a
Mark y a Elizabeth Prophet como sus Mensajeros y
patrocinó a la Fraternidad de Guardianes de la Llama.

El 3 de setiembre de 1973, Saint Germain anunció:

Como resultado del aumento de portadores
de luz y el crecimiento de las filas de los estudiantes de la luz unidos en esta actividad...,
¡los Señores del Karma me otorgaron otra
vez una dispensación! Por lo tanto, ¡puedo
una vez más adelantarme y comprometer por
vosotros las energías de mi cuerpo causal para
a libertad y la Victoria de la luz en esta era!

UN FUEGO SAGRADO:
LA LLAMA VIOLETA
TRANSMUTADORA

La llama violeta es la energía de libertad. Las personas que son libres tienen la luz violeta que vibra en sus auras, de manera inequívoca. La llama violeta es también una energía de misericordia, perdón y transmutación.

Transmutar significa cambiar, alterar su forma, apariencia o naturaleza. Los alquimistas medievales, quienes usaron este término, intentaron transmutar metales base en oro, al separar lo «sutil» de lo que está «en bruto», mediante el calor.

Eso es precisamente lo que hace la energía del Espíritu Santo. Es una emanación tangible de fuego espiritual que realmente «derrite» los «elementos» de nuestro subconsciente «con un calor ferviente», como afirma la Biblia.

Esta es la manera de revertir problemas psicológicos, bloqueos emocionales y registros del pasado. No tenemos que retroceder a través de la hipnosis o la regresión. Transmitimos el fuego del amor del Espíritu Santo y todo comienza a cambiar mediante la alquimia de la llama violeta transmutadora.

Saint Germain dice:

> Rara vez la humanidad comprende la gloriosa sabiduría de la mente de Dios que ha ideado la llama violeta transmutadora con todo el despliegue de su esplendor cósmico. Es difícil que el mundo en su actual estado de desarrollo capte plenamente desde el nivel de la conciencia humana o a través del poder de la mente humana esas acciones trascendentales e invisibles y las actividades del fuego sagrado de Dios.
>
> Cuando el individuo promedio invoca la llama violeta transmutadora a la acción, no posee el poder para percibir la danza de los electrones que se lleva a cabo en el estado de su conciencia ni percibe la inmensa energía cósmica que se involucra en ella. No os dais

cuenta de este gran potencial que trasciende tanto el tiempo como el espacio y produce en la aventura de vuestra vida actual una bendecida acción de transmutación o transformación cósmica que os hace avanzar o no en el sendero.[1]

La llama violeta siempre se ha usado en los retiros internos de la Hermandad. Hasta ahora, se ha reservado para los pocos privilegiados, esos iniciados que se consideraban dignos, miembros de sociedades secretas o comulgantes de la llama en las escuelas de misterio.

LA PIEDRA FILOSOFAL

Los primeros alquimistas estudiaron en detalle los textos cifrados en busca de la piedra filosofal mística y mágica. Para ellos, valía pena vivir para decodificar el misterio de esta piedra, que simbolizaba «la transmutación de la naturaleza animal inferior en la superior y divina».

Los alquimistas teosóficos se glorificaban en la visión de una «llama secreta».

La codiciada piedra filosofal, «la Piedra que no es piedra», no era física sino espiritual ¡y creada a partir del fuego!

De acuerdo con los predecesores neoplatónicos de la alquimia medieval, era un fuego expiatorio, autotransformador que podía elevar el alma y, en el proceso, transmutar «los materiales duros y rebeldes» del cuerpo humano en materiales más luminosos y depurados. En este experimento sagrado, el alquimista podría llegar a ser «como los dioses», al buscar lo que los textos del siglo XVII llamaron «el oro de los sabios y no el metal vulgar».

El fuego expiatorio, explican los textos, conduce al «fuego de los dioses», cuando todas las cualidades degradadas, que se oponen a las esencias celestiales, se elevan hacia el Espíritu. La transmutación, entonces, era un proceso espiritual que exaltaba el alma hacia un estado de unidad con lo Divino.

Ahora, (gracias a Saint Germain) pueden comenzar a experimentar la acción de este fuego expiatorio, el fuego violeta, que pasa sobre las páginas del registro subconsciente de vuestras encarnaciones en la Tierra. El fuego violeta es el fuego sagrado «secreto». Penetra en los pequeños lugares más secretos de nuestra mente y memoria. Entra, se extiende y con un crujido ardiente, barre el polvo de los siglos. Línea por línea, letra por letra, la llama, inteligente y luminosa, dirigida por la mente de Dios, libera las energías, electrón por electrón de nuestro abuso pasado del fuego sagrado y de este modo, restablece el recurso natural de la luz interna.

CONOCIMIENTO ANTIGUO

Isaac Newton observó que un rayo de sol, al pasar a través de un prisma, se separaba en los siete colores del arco iris: rojo, naranja, amarillo, verde, azul, índigo y violeta. Esta luz visible es solo una diminuta porción de un espectro electromagnético de frecuencias variables o longitudes de onda, que incluyen ondas de radio, radiación infrarroja, rayos ultravioleta, rayos X y rayos gamma. Actualmente, los científicos saben acerca de 60 a 70 octavas de luz.

El violeta, con la longitud de onda más corta, tiene la frecuencia superior en el espectro visible y está en el punto de transición hacia la siguiente octava de luz. Para los antiguos, este color de transición, trascendental, era un fenómeno espiritual más que físico.

Egipto apreciaba la amatista violeta oscuro como una piedra relajante y curativa, incluso como protección divina del mal. El historiador griego Luciano describe una ciudad legendaria de gemas, cuyos altares son bloques enormes de amatista.

Los bardos vestidos con trajes ceremoniales de

precioso color púrpura cantaban la *Odisea* de Homero.
La esposa de Agamenón desplegaba una alfombra
púrpura carmesí para darle la bienvenida cuando
volvía de Troya; «esplendores teñidos», señalaba el
rey, reservado solo para los dioses. César también
anhelaba el preciado color como el manto del dios
supremo, Júpiter.

Cuando los soldados de Pilato trenzaron la corona
de espinas para Jesús «rey de los judíos», también le
pusieron una túnica púrpura. Por lo tanto, el púrpura
se convirtió en símbolo del «sufrimiento» místico, el
sacrificio y la penitencia. Y el violeta se indicó para
las vestimentas litúrgicas durante las temporadas de
purificación: adviento y cuaresma.

Tras bambalinas del color y la luz visible, los
místicos de todas las eras de Oriente y Occidente
vislumbraron un «espectro espiritual». Los colores
resplandecientes, más puros y excepcionales que los que
se encuentran en la Tierra, emanan de una luz «interna»
brillante y blanca, que es divina por naturaleza.

Los eruditos están comenzando a ver a los antiguos
«adoradores del sol» como devotos de esta luz espiritual al otro lado de lo físico, el sol divino que ilumina
el mundo interior: «el Sol detrás del sol».

El Zohar, una obra importante de la Cábala judía,

afirma que «existe una especie de fuego, que es más fuerte que otro fuego [...] Encima de la luz blanca, hay también otra luz que la abarca y esta simboliza la esencia suprema».

Zaratustra presenció la creación de todas las cosas desde un único fuego. Las oraciones del mitraísmo adoran al Señor de la Luz como «el Ser de corazón de fuego [...], cuyo cuerpo es de fuego».

El ángel del Señor apareció ante Moisés «en una llama de fuego». Y desde esa llama ardiente, el alma entraba en contacto con su propia conciencia superior. Basado en esa experiencia, Moisés dijo a los hijos de Israel: «¡El Señor vuestro Dios es un fuego consumidor!». Y Jesucristo resumió su misión en ocho palabras: «He venido para enviar fuego a la Tierra».

Mientras se encontraba en un estado de éxtasis en su diálogo con Dios el Padre, Santa Catalina de Siena dictó estas palabras: «Yo, Fuego, receptor de sacrificios, me alejo embelesado de su oscuridad y doy la luz, no una luz natural, sino sobrenatural [...]».

Juan de la Cruz se transformó interiormente en la «llama del amor viva». «Así es la actividad del Espíritu Santo en el alma», escribe. «Los actos interiores que Él produce aumenta las llamas, pues son actos de amor encendido».

LOS SIETE RAYOS

La investigadora esotérica H. P. Blavatsky describe la luz divina en términos de siete colores o rayos, cada uno de los cuales tiene atributos o cualidades específicas. La llama violeta surge de ese aspecto de la luz blanca, denominado el «séptimo rayo».

Así como la luz del sol que pasa a través de un prisma se refracta en el arco iris de los siete rayos, de igual manera en la conciencia del Espíritu Santo, la luz del Cristo se refracta para que la usemos en el plano de la materia.

Cada uno de los siete rayos es una acción concentrada de la luz de Dios, con un color y una frecuencia específicos, que da como resultado una acción específica en el cuerpo, la mente y el alma. La llama violeta es la que corresponde al Espíritu Santo, el antídoto que disuelve los engaños del yo irreal e incluso, las leyes de la vejez y la muerte. Es el cumplimiento de la profecía de la propia ley de transmutación de Dios: «Si vuestros pecados fueren como la grana, como la nieve serán emblanquecidos; si fueren rojo como el carmesí, vendrán a ser como blanca lana».

La llama violeta no destruye, pues la Ley es exacta: la energía Divina no se crea ni se destruye. La llama violeta *cambia* el agua en vino. Despoja a los átomos y moléculas de la capa densa de imperfección humana y restablece la perfección divina natural del alma y su deseo original de ser íntegra.

3

EL SOLVENTE UNIVERSAL
DE LA LLAMA VIOLETA

Examinemos ahora qué sucede cuando lo específico del fuego violeta se aplica a la acumulación del karma en el subconsciente:

De manera instantánea, el fuego comienza el trabajo de romper las partículas de sustancia, que son parte de cientos e incluso de miles de encarnaciones. Lo crean o no, esta energía puede ser tan dura como concreto, a medida que llena los amplios espacios abiertos entre los electrones y los núcleos de los átomos y causa obstinación mental, dureza de corazón o una ausencia de sensibilidad a las necesidades de los demás. Crea una densa masa que impide que el alma reciba las delicadas comunicaciones del Espíritu Santo.

El hombre es un microcosmos, una representación en miniatura del cosmos. En tanto, que hay un vasto espacio entre los planetas y el sol, también hay un vasto espacio entre los electrones y el núcleo dentro de toda célula y átomo de su conciencia corporal.

El espacio entre el electrón y el núcleo ardiente se conoce como espacio «virgen» o «santificado». Está lleno de la energía palpitante del Espíritu Santo. Es la esencia, una esencia de Dios.

Estamos usando constantemente esta esencia vital, que está entre los electrones y el núcleo del átomo. Estamos calificando siempre esa energía, que queda grabada con las impresiones de nuestra mente y nuestro corazón. De ese modo, se produce la densificación.

Puedes imaginar que el espacio entre los electrones se llena con melaza, un pegamento astral pegajoso, que obstruye el flujo de luz desde el Macrocosmos de Dios al microcosmos del hombre. ¿Qué sucede con los electrones? Se ralentizan. No pueden pasar.

En efecto, eso es lo que hemos estado haciendo durante cientos de miles de años. Hemos estado llenando el espacio entre los electrones con discordia y con falta de integridad. Llámalo como quieras. Puedes llamarlo «mal karma» o «pecado» si deseas. En esencia, cualquier manifestación de imperfección llena ese espacio santificado con densidad.

ALQUIMIA FÍSICA

El doctor Bernard Jensen informó que el odio y otros pensamientos y sentimientos negativos crean en realidad ácidos (cantidades excesivas de ácido fosfórico, ácido úrico y gases ácidos carbónicos) que el cuerpo no puede asimilar. De ahí que persista la densidad de la enfermedad en la órbita física.

Los átomos de la conciencia se han pervertido tanto, que nuestro entorno también está ahora contaminado. Hemos corrompido los átomos del aire, de la tierra, del agua; no simplemente con químicos, sino con nuestros pensamientos y sentimientos. La contaminación física es solo un efecto de la contaminación mental y emocional. Por lo tanto, para resolver el problema de la contaminación, debemos restablecer el flujo inherente del Espíritu Santo.

Este es el tema desde la ciencia. El dilema es: ¿Cómo aceleramos nuestros electrones? Mediante la eliminación del efluvio atrapado entre los amplios espacios abiertos. ¿Cómo? Hay una sola manera. Mediante el uso de las mismas energías que hemos usado de manera errónea: las energías del Espíritu Santo.

La energía aceleradora de la llama violeta del Espíritu Santo envuelve a cada átomo de manera individual.

¿Puedes imaginar qué diminuta partícula de sustancia es un átomo? Sin embargo, la llama de Dios acaricia y envuelve cada átomo de manera individual. Instantáneamente se establece una polaridad entre el núcleo de fuego blanco del átomo (que, al ser materia, asume el polo negativo) y el núcleo de fuego blanco de la llama (que, al ser espíritu, asume el polo positivo).

La acción dual del fuego sagrado en el interior del centro del átomo y de la llama violeta en el exterior, establece un campo energético que hace que se desplacen las densidades no transmutadas que se encuentran entre los electrones. A medida que esta sustancia se suelta, los electrones comienzan a girar más rápido en sus órbitas y mediante la fuerza centrífuga la arrojan a la llama violeta. En contacto con esta esencia ardiente de la llama de la libertad, la energía mal calificada se transmuta hacia su pureza innata.

EL VINO DEL PERDÓN

La llama violeta es el vino espiritual del perdón; la cualidad de la misericordia, que como Shakespeare escribió: «es que no sea forzada; cae como la dulce lluvia del cielo sobre el llano que está por debajo de ella; es dos veces bendita: bendice al que la concede y al que la recibe».

El «dar y recibir» es la constante del flujo. El flujo es la interacción de la energía entre Dios y el hombre. El flujo es el regreso a la Fuente de energía, de manera que esa Fuente pueda emitir más energía.

Todo el cosmos depende de ese flujo para su misma existencia. Cuando este se detiene, produce muerte, enfermedad y desintegración. Es la desintegración del átomo que está desprovisto de la esencia integradora del Espíritu Santo.

Si no podemos soltar este flujo cósmico, este poderoso movimiento del Espíritu de Dios, entonces, hemos perdido la razón esencial de ser, de la vida misma. Es por eso por lo que la llama violeta trae tantos sentimientos de alegría, de ligereza, de esperanza y de innovación de la vida. Restablece el flujo. Y al restaurarse el flujo macrocósmico-microcósmico, es como si las nubes de depresión se disolvieran a través del mismo sol de nuestro propio ser.

Cuando el espíritu del hombre fluye hacia el Espíritu de Dios y el Espíritu de Dios fluye hacia el espíritu del hombre, se produce el intercambio divino, una transmutación cósmica; y ambos, Dios y el hombre, disfrutan del sentimiento de compartir y de pertenecerse mutuamente.

«Todos los problemas de la economía, la ecología

y el gobierno se pueden resolver», dice Saint Germain «si solo tomáis diez minutos cada día para ir al interior y encontrar a vuestro propio Ser Divino, para meditar y para usar la ciencia de la Palabra hablada, por medio de la cual entonáis el mantra de los libres:

> ¡YO SOY *un ser de fuego violeta*
> YO SOY *la pureza que Dios desea!*

«Este es mi mantra que os doy como vuestra iniciación hacia la era de Acuario».

> ¡YO SOY *un ser de fuego violeta*
> YO SOY *la pureza que Dios desea!*

El sagrado nombre YO SOY emite el fuego encerrado en el núcleo del átomo permanente del ser.

4

EL NOMBRE DE DIOS

¿Recuerdas cuando Moisés estaba en la montaña y había una zarza que ardía, pero no se consumía; y que luego Dios lo llamó en medio de la zarza ardiente? Moisés comprendió a Dios como fuego. Pero en el preciso momento en que Dios se revela como una energía, como la llama encendida, en ese momento el SEÑOR Dios atraviesa esa energía y se convierte en una persona que habla con Moisés cara a cara. La energía habla. Se transforma en una identidad, una individualidad, la misma persona del Espíritu Santo.

Cuando miras la naturaleza de la energía, comprendes que es al mismo tiempo principio y persona. Principio y persona significan simplemente la polaridad más y menos. La polaridad positiva se vuelve negativa cuando la polaridad negativa manifiesta su individualidad.

Dios es las lenguas hendidas de fuego: Espíritu-Materia. El Espíritu representa el principio de energía universal. La Materia representa esa energía que se convierte en una persona. Por la ley de polaridad, lo que es principio *debe* transformarse en persona. Es una lección en ciencia y matemáticas.

Moisés tuvo esa experiencia. La energía se convirtió en persona, una persona que era un amigo. Dios se manifestó como amigo y habló con Moisés frente a frente desde esa zarza ardiente. ¿Por qué? Para iniciar su misión en la vida.

¿Qué significa iniciación? Quiere decir que Dios nos imparte como individuos un incremento de luz o energía, que entra en nuestra alma y nos da un empuje, un impulso, una conciencia, una idea, una percepción. Es como el viento en nuestras velas.

Entonces, Moisés estaba allí y la voz hablaba desde la llama y el Señor Dios le dijo: «¡Deja ir a mi pueblo!» Dios está enviando a Moisés a rescatar al pueblo de Israel de un falso sentido de libertad, un materialismo muy arraigado. Pero Moisés era muy tímido. Tuvo miedo. Dudó de su propia capacidad.

Moisés tiembla ante esa persona, así como también temblaríamos ante el fuego sagrado. Recalcó:

No estoy calificado. La gente no me escuchará. Tal vez, si supieran quién me envió, me escucharán, alguien, quizás, más poderoso que yo. ¿Quién diré que me envía? ¿Por cuál autoridad entrego esta palabra? De todos modos, ¿quién eres?

La Palabra estrepitosa que regresa es la Palabra que resuena y que escuchamos en nuestro ser interior, la declaración de la Presencia de Dios donde estamos. La voz del SEÑOR habla desde esa llama a Moisés y dice: YO SOY EL QUE YO SOY. YO SOY QUIEN YO SOY. Yo seré lo que seré. OM TAT SAT OM. El nombre de Dios YO SOY EL QUE YO SOY es una clave para la energía. Cada vez que uses «YO SOY» estás declarando: «Dios en mí es». Es una afirmación de tu Ser verdadero. Emite el fuego de tu corazón para cumplir el destino para el cual lo enviaste. Esto es más que el poder del pensamiento positivo. No te equivoques. Esta es la alquimia del fuego sagrado.

«YO SOY» es una palabra importante. Está cargada con el poder del núcleo de tu ser. Si dices: «Estoy bien, soy feliz, yo soy íntegro», el fuego salta y completa un ciclo a través de tu mente, corazón y alma (y cuando dices lo contrario, creas las consecuencias).

¡YO SOY un ser de fuego violeta
YO SOY la pureza que Dios desea!

Cuando das este mantra, el flujo de la Palabra sale en una espiral en el sentido de las agujas del reloj alrededor de tu ser. Y, como un pilar de energía, te conviertes en una brasa del fuego de la libertad.

En el fluir del mantra, el incremento del tempo se corresponde con el incremento de la vibración de la luz que fluye a través de ti. Cuando dejas que Dios pronuncie la Palabra a través de ti, el flujo natural de la luz intensifica el flujo del mantra.

¡YO SOY un ser de fuego violeta
YO SOY la pureza que Dios desea!

Este es un ejemplo del modo en que el núcleo de fuego blanco recibe todo de nuevo hacia sí mismo. Todos los colores, los rayos del arco iris del prisma de la conciencia Divina, regresan al núcleo de fuego blanco. Y la llama violeta se convierte en la luz blanca a medida que el mantra converge en el AUM.

¡YO SOY un ser de fuego violeta
YO SOY la pureza que Dios desea!
AUM

EL TONO DE NUESTRA IDENTIDAD

Los científicos reconocen ahora el hecho de que cada persona tiene su propio reloj cósmico. Cada uno de nosotros tiene una vibración singular, que se compone de las frecuencias de todos nuestros átomos y moléculas.

La reunión de todos nuestros átomos y moléculas forman el «tono» de identidad, que reconocemos cuando saludamos a nuestros amigos, cuando tenemos afinidades (y tal vez diferencias) unos con otros. Esas vibraciones, esa frecuencia, se relacionan con el modo en que la Palabra está fluyendo.

Cuando la llama de libertad entra al ser y te conviertes en esa llama, tienes un nuevo tono, un nuevo sonido, una nueva conciencia. Y a medida que incrementas el tempo del mantra, estás controlando todo un cosmos de átomos, moléculas y campos energéticos.

Comenzamos despacio, mientras controlamos cada palabra, así como controlamos cada electrón. Luego, lo elevamos y hallamos que podemos mantener el control en una vibración aumentada, así como el hombre ha conquistado el movimiento en el tiempo y el espacio, al asegurar las invenciones para una velocidad cada vez mayor, hasta romper finalmente la barrera del sonido. Hacemos esto mediante el control de la Palabra y de la ciencia de la Palabra.

Experimenta con el mantra. Si no ejercitas el poder de la Palabra hablada, serás una isla en medio de un mar de llama. Pues mediante el libre albedrío, esa llama no puede unirse y formar la espiral si no das el fíat. Esta es la ley del libre albedrío y de la ciencia de la Palabra hablada. La llama es desconocida hasta que te apropias de ella.

APODÉRATE DE LA LLAMA VIOLETA

Este es un mantra simple que puedes acelerar cada vez más y darlo como una oración perpetua en tus labios, mientras continúas con tu vida diaria.

> ¡YO SOY *un ser de fuego violeta*
> YO SOY *la pureza que Dios desea!*

Comienza a deshacerte de la conciencia del ser como viejo, denso, débil, feo, estúpido, aburrido o pobre. De pronto, eres «un ser de fuego violeta». Solo eres una llama ardiente, que late y se mueve con el Espíritu. Te mueves en un hermoso mar de llama violeta. A medida que das el mantra y aceleras su velocidad cada vez más se va disolviendo la sustancia entre los electrones y los núcleos. Los electrones giran cada vez más rápido. Y estás más liviano; te elevas más y más.

Este es un mantra que se puede usar en cualquier momento y en cualquier lugar. Puedes usar la Palabra en tu interior en vez de permanecer en esa misma vibración densa, una víctima de tus circunstancias en el tiempo y el espacio. Cuando comienzas a sentirte tenso, irritado, cansado, pesado o cargado durante el día, solo pronuncia unos pocos mantras de «llama violeta» y volverás a entrar a ese flujo cósmico.

Dalo mientras preparas el desayuno, conduces el auto, lavas la ropa, incluso mientras te estás duchando. Visualiza tu ducha matinal como una de llama violeta. Visualiza la llama mientras restriega los poros, pasa a través del sistema nervioso, las arterias, la corriente sanguínea, hasta la médula ósea.

Y lo que sea que afirmes para ti mismo, puedes afirmarlo para tu ciudad o para toda la nación. Puedes decir tu país o *Estados Unidos en un país de fuego violeta. ¡Estados Unidos es la pureza que Dios desea!* Simplemente cambia tu visualización y ajusta la lente de la cámara. Puedes invocar con esta facilidad suficiente llama violeta para transmutar la densidad de una ciudad o una nación, un planeta o un sistema solar:

> *La Tierra es un planeta de fuego violeta.*
> *¡La Tierra es la pureza que Dios desea!*

¡Hay una creatividad ilimitada en la llama violeta! Libera la energía de Acuario en ti, la plena creatividad del Espíritu Santo. Libera el amor como la disciplina de los fuegos creativos. Cualquiera sea tu área, cualquiera sea tu vocación, puedes aceptar el sonido, el ritmo, la energía, la Palabra y sentirte cada más libre.

La llama violeta abrirá en ti todo lo demás que hayas buscado siempre como conciencia, enseñanza y automaestría. Es la clave. Encierra todo lo demás, porque transmuta la escoria que obstruye el flujo de esta luz estupenda del Espíritu Santo.

EL PODER DEL SONIDO:
LA CLAVE PARA LOS MISTERIOS

Recientes avances y estudios científicos señalan lo que los sabios conocían hace miles de años: el sonido tiene la clave para los misterios del universo.

Sabemos lo que el sonido puede destruir: una nota muy aguda puede destrozar una copa de vino, una explosión sónica puede agrietar el recubrimiento de una pared; un disparo puede ocasionar una avalancha. Pero el sonido también es una fuerza constructiva, como los médicos y los profesionales de la salud están descubriendo todos los días. El ultrasonido (ondas sonoras agudas) se utiliza para todo, desde la limpieza de heridas hasta el diagnóstico de tumores y pulverización de cálculos renales. Algún día podrá usarse para inyectar drogas en el cuerpo y de este modo las agujas serán obsoletas.

Los científicos están ahora investigando el impacto del sonido en el cerebro. Ciertas clases de música clásica de compositores como Bach, Mozart y Beethoven tienen una gama de efectos positivos, incluido el aumento transitorio del cociente intelectual, la expansión de la memoria y la aceleración del aprendizaje. Algunos profesionales alternativos de la salud están experimentando con el uso de tonos específicos para la sanación de los órganos.

El poder creativo del sonido también está en el corazón de las tradiciones espirituales del mundo en Oriente y Occidente. Los escritos hindúes nos relatan que los yoguis han usado mantras, junto con visualizaciones para encender el fuego, materializar objetos físicos (como alimentos), traer lluvia e incluso para influir en el resultado de las batallas. Sin embargo, producir cambios físicos no era el objetivo principal. Ellos creían que sus mantras les traían protección y sabiduría, incrementaban su concentración y meditación y los ayudaban a alcanzar la iluminación y la unión con Dios.

La tradición mística judía también habla acerca del poder de la Palabra hablada. Los cabalistas creen que, al invocar y meditar en los nombres de Dios, accedemos a una fuente infinita de poder que restablece la paz y la armonía en este mundo. Dicen que Moisés, por ejemplo, tenía la capacidad de «sacudir el mundo», porque invocaba el nombre del Señor.

LA GRÁFICA DE TU YO DIVINO

La razón por la que podemos llamar a Dios y él nos responderá se debe a que estamos conectados con él. Somos sus hijos e hijas. Tenemos una relación directa con Dios y él ha colocado una porción de sí mismo en nosotros. Para poder comprender mejor esta relación, los Maestros Ascendidos han diseñado la Gráfica de tu Yo Divino.

La Gráfica de tu Yo Divino es un retrato tuyo y de Dios en ti. Es un diagrama de ti mismo y de tu potencial para convertirte en quien realmente eres. Es un diagrama de tu anatomía espiritual. La figura superior es tu Presencia YO SOY, la presencia de Dios que está individualizada en cada uno de nosotros. Es tu «YO SOY EL QUE YO SOY». Tu Presencia YO SOY está rodeada de siete esferas concéntricas de energía spiritual que forman lo que se denomina como el cuerpo causal. Estas esferas de energía palpitante contienen el registro de las buenas obras que has realizado desde tu primera encarnación en la Tierra. Son como tu cuenta bancaria cósmica.

La Gráfica de tu Yo Divino

TU YO SUPERIOR

La figura media en la Gráfica representa al Santo Ser Crístico, que también se denomina el Yo Superior. Puedes pensar que el Santo Ser Crístico es tu ángel guardián principal y tu amigo más querido, tu instructor interior y la voz de la conciencia.

Tal como la Presencia YO SOY es la Presencia de Dios que está individualizada para cada uno de nosotros, el Santo Ser Crístico es la presencia del Cristo universal, que está individualizado para cada uno de nosotros. «El Cristo» es en realidad un título que se otorga a aquellos que han alcanzado la unidad con el Yo Superior o Ser Crístico. Por esa razón, Jesús fue llamado «Jesús, el Cristo». *Cristo* proviene de la palabra griega *christos,* que significa «ungido», ungido con la luz de Dios.

Lo que la Gráfica muestra es que cada uno de nosotros tiene un Ser Superior o «Cristo interior» y que cada uno de nosotros está destinado a unirse con ese Ser Superior, ya sea que lo llamemos el Cristo, el Buda, el Tao o el Atmán. Este «Cristo interior» es a lo que los místicos cristianos algunas veces se refieren como el «hombre interno del corazón» y lo que los Upanishads describen de manera misteriosa como el ser del «tamaño de un pulgar» que «mora en lo profundo del corazón».

Todos tenemos momentos en los que sentimos esa conexión con nuestro Ser Superior, cuando somos creativos, amorosos y estamos alegres. Pero hay otros momentos en los que no nos sentimos sintonizados con nuestro Ser Superior, en los que estamos enojados, deprimidos o perdidos. El sendero espiritual nos permite aprender a sostener la conexión con la parte superior de nosotros, de manera que podamos hacer nuestra mayor contribución a la humanidad.

LA CHISPA DIVINA

El haz de luz blanca que desciende de la Presencia YO SOY a través del Santo Ser Crístico hasta la figura inferior de la Gráfica es el cordón cristalino (alguna vez se lo llama cordón de plata). Es el cordón umbilical o conexión vital que te conecta con el Espíritu.

Tu cordón cristalino también alimenta esa especial y radiante llama de Dios que está instalada en la cámara secreta de tu corazón. La llamamos llama trina o chispa divina, porque literalmente es una chispa de fuego sagrado que Dios ha transmitido desde su corazón al tuyo. Esta llama se llama «trina», porque engendra los atributos principales del Espíritu: poder, sabiduría y amor.

Los místicos de las religiones del mundo entraron en contacto con la chispa divina y la describieron como la semilla de la divinidad en el interior. Los budistas, por ejemplo, hablan del «germen de la Budeidad», que existe en todo ser vivo. En la tradición hindú, el Katha Upanishad habla de la «luz del Espíritu», que está oculta en el «lugar secreto del corazón» de todos los seres. Asimismo, el teólogo cristiano del siglo catorce Meister Eckhart enseña acerca de la chispa divina cuando dice:

«La simiente de Dios está en nosotros». Hay una parte de nosotros, dice Eckhart, que «permanece en el Espíritu eternamente y es divino [...] Aquí Dios resplandece y arde sin cesar».

Cuando decretamos, meditamos en la llama en la cámara secreta de nuestro corazón. Esta cámara secreta es tu habitación privada de meditación, tu castillo interior, como Teresa de Ávila la llamó. En la tradición hindú, el devoto visualiza una isla con joyas en su corazón. Allí se ve ante un hermoso altar, donde adora a su maestro en profunda meditación. Jesús habló acerca de entrar a la cámara secreta del corazón, cuando dijo: «Cuando ores, entra en tu aposento* y cerrada la puerta, ora a tu Padre que está en secreto; y tu Padre que ve en lo secreto te recompensará en público».

*En la Biblia «closet» o armario está traducido como «aposento».

Cuando era una niña, siempre me preguntaba: «A qué clase de armario entraban los discípulos? ¿Tenían los discípulos armarios en esos días? No puedes entrar en un armario, ¡no hay suficiente aire allí! ¿Qué rayos está diciendo Jesús?» Más tarde, me di cuenta de que entrar en el armario a orar es entrar en otra dimensión de conciencia. Significa entrar en el corazón y cerrar la puerta al mundo exterior.

EL POTENCIAL DE TU ALMA

La figura inferior de la Gráfica de tu Yo Divino te representa a ti en el sendero espiritual, rodeado por la llama violeta y la luz blanca protectora de Dios. El alma es el potencial viviente de Dios, la parte de ti que es mortal, pero puede llegar a ser inmortal. El propósito de la evolución de tu alma en la Tierra es el de crecer en automaestría, equilibrar tu karma1 y cumplir tu misión en la Tierra, de manera que puedas regresar a las dimensiones espirituales que son tu hogar real. Cuando tu alma se eleve finalmente y ascienda de regreso a Dios y al mundo celestial, te convertirás en un Maestro Ascendido, libre de las rondas del karma y el renacimiento.

La energía de elevada frecuencia de la llama violeta puede ayudarte a alcanzar ese meta más rápido.

6

UNA EXPERIENCIA EN UN
RETIRO ETÉRICO

por el Maestro de Darjeeling

Los retiros etéricos de los Maestros Ascendidos sirven a muchos propósitos. Son los hogares de los
Maestros en el mundo celestial, el cuerpo etérico del
planeta Tierra. Los Maestros usan los retiros para
anclar ciertas energías por toda la Tierra a favor de
la humanidad. Se guardan allí los registros de civi-
lizaciones pasadas y eras doradas. Y tal vez lo más
importante, los Maestros sirven en sus retiros como
los instructores de la humanidad. El Morya relata en
el libro El discípulo y el sendero la siguiente experiencia de almas, que utilizan la llama violeta para sanar
traumas de vidas pasadas en su retiro etérico sobre
Darjeeling, India.

Es el momento de entrar a la cámara diseñada con motivos azules y dorados, en la que hay una pantalla y asientos dispuestos al estilo de un teatro. Pues para comprender vuestro sendero, vuestro sendero muy personal hacia la salvación, debéis tener la perspectiva de vuestro pasado y del modo en que habéis creado el presente, tanto a nivel personal como planetario. Venid entonces y veamos cómo hemos de descubrir los designios del destino de vuestra alma, en la magia de la llama.

Entramos ahora en la cámara y ocupamos nuestros lugares ante una gran pantalla semicircular, en la cual se proyectarán las experiencias de otras encarnaciones. El grupo aquí reunido está compuesto de chelas no ascendidos, algunos de los cuales tienen una conexión externa con Summit University. Otros miembros del grupo sirven a la voluntad de Dios en sus respectivas naciones y esperan con ansiedad el día en el que las Enseñanzas de los Maestros Ascendidos se publiquen en su propio idioma. De esta manera, podrán leer y estudiar con su conciencia externa y despierta lo que reciben aquí en sus cuerpos más sutiles durante las horas de sueño.

Una joven pareja se está acomodando en sus asientos; viene acompañada por un ser no ascendido de logro considerable y gran valor, a quien, de hecho, el consejo reconoce. Ellos darán nacimiento a esta alma en un futuro cercano.

Aparecen escenas de la vida en la antigua Tracia en la pantalla y nos encontramos en el mercado de una ciudad olvidada en el territorio que ahora es Turquía. Dos maestros no ascendidos caminan desapercibidos en medio de la multitud. La gente está ocupada en las actividades del día, con la compra de alimentos y provisiones a los mejores precios, mientras los comerciantes observan con cuidado cómo pasan las monedas de mano en mano para calcular cuál será la ganancia del día. Un grupo de devotos, incluidos algunos de los que están reunidos ahora en nuestro retiro, entran en el mercado.

En el momento en que aparecen, una peculiar configuración astrológica alinea ciertas fuerzas de odio con el subconsciente de la población, con una fusión de odio de masas focalizado en los planos astrales. Describimos esta interacción de campos energéticos para los que se encuentran presentes y mostramos también la alineación de estrellas «fijas» y «errantes». Estos campos energéticos amplifican tanto la luz como la oscuridad y producen la vitalización de ciertos niveles de karma en encarnaciones aún anteriores a las que ahora se enfocan en la pantalla.

De repente, sin previo aviso, como si estuvieran poseídos por una locura y un frenesí no del todo suyos, ciertos individuos que, al parecer tienen una relación causal entre sí, convergen como una sola entidad. Actúan como una sola unidad: la turba y con una mente única: la mente de las masas. Comienzan a levantar piedras y las arrojan a los devotos, quienes quedan rodeados. No se aterrorizan, sino que con calma se centran en la llama, que es el objeto de su adoración y protegen su cabeza y su cuerpo. Pero es en vano.

El alma de los chelas deja sus formas finitas y los dos maestros no ascendidos que están a su lado elevan las energías foháticas de su chakra del corazón para ayudar a las almas en la transición. Por ley kármica, no se les permitió interferir con las circunstancias que representaron la convergencia de muchas fuerzas y la exigencia de equilibrio de la naturaleza. A través de su amor y su maestría, crean un campo energético de luz, por el cual las almas son llevadas a salvo al retiro etérico de Palas Atenea, sobre la isla de Creta.

Ahora hacemos retroceder el drama en la pantalla, de modo que todos puedan examinar el intercambio de fuerzas y de líneas de karma, que convergieron en el mercado. Ven que, en un período muy anterior de la historia de la Tierra, ellos mismos fueron arrastrados hacia actos de fanatismo que dieron por resultado la muerte de aquellos que tomaron represalias ese día en la ciudad olvidada de la antigua Tracia.

Repasamos la escena en cámara lenta. Utilizo el diamante que llevo en el dedo índice de la mano derecha para concentrar la acción del fuego sagrado en la pantalla. El rayo violeta que desciende desde el corazón de mi Presencia se proyecta a través del diamante y estalla como mil millones de llamas en esa escena en la pantalla. Los chelas están en el borde de sus asientos, mientras observan que la llama violeta consume la causa, núcleo, registro y memoria, tanto en akasha como en su propio subconsciente.

La acción de la llama violeta se intensifica en respuesta a la invocación que hice a la Presencia YO SOY de cada uno:

En el nombre del Ser Crístico de los chelas, invoco el fuego de Dios Todopoderoso para que destelle la acción de transmutación y cambie la oscuridad en luz, el temor y el odio en amor, la envidia en entendimiento y la venganza en victoria. A medida que los ángeles de la llama violeta del retiro de Zadquiel dirigen las energías de la llama, se forman espirales de fuego en el subconsciente de cada uno de los individuos que fueron parte de este desafortunado intercambio de energía.

Estas espirales se crean como las virutas enrolladas que caen de la madera al cepillarla. Suben y bajan, suben y bajan, mientras intensifican la acción de transmutación. Y ahora estallan en un amplio círculo de energía y luego vuelven al centro. Todo esto es la acción-formación de los fuegos de transmutación; fuego llameante que sube y baja, entra y sale y luego, sigue el círculo de los ciclos del karma individual en el cinturón electrónico: una acción que limpia y bulle, una energía burbujeante y alegre. Tal es la diversidad de la llama violeta.

Escena tras escena, paso por paso, los ángeles de la llama violeta eliminan el registro del cuerpo etérico, los conceptos del cuerpo mental, las emociones del cuerpo de sentimientos y las cicatrices de la matriz física. Justo ante sus propios ojos, los chelas de la voluntad de Dios ven lo que puede hacer la gloriosa llama de Dios. Se entusiasman. Aplauden. Y los bravos que claman, expresan la liberación de energía en su propio corazón y una nueva libertad del alma cuando se elimina este antiguo registro de su conciencia.

Y ahora, en respuesta a las invocaciones de los chelas a la llama violeta, las ardientes salamandras y los ángeles de la llama violeta trabajan juntos y vuelven sobre el registro de ese ciclo, cuando se trazaron las líneas de causalidad en la existencia anterior, que también se muestra, de manera que los chelas también aprenden la lección acerca de seguir ciegamente a los ciegos, sin invocar la sabiduría del Logos, como un equilibrio para la tiranía del ego.

Los hombres que viven en el mundo actual asumen que la historia registrada es lo que es y no se puede cambiar. No han tenido en cuenta a la llama violeta transmutadora.

Quienes asistieron a nuestro retiro y observaron lo que sucedió en Tracia, vieron de primera mano y por primera vez en esta encarnación, la llama violeta en acción en la transmutación de los registros del pasado.

EXPERIMENTAD LA ACCIÓN MARAVILLOSA DEL FUEGO VIOLETA

Dondequiera que estéis, cuando leáis mis palabras, podéis comenzar a experimentar la acción maravillosa del fuego violeta, mientras recorre las venas, penetra las capas del templo físico: el torrente sanguíneo, el sistema nervioso, el cerebro, avanza a través de los chakras, gira a través del cuerpo etérico y pasa sobre las páginas del registro escrito de vuestras encarnaciones en la Tierra. Línea por línea, letra por letra, la llama: inteligente, luminosa, dirigida por la mente de Dios, libera las energías, electrón por electrón de todos los abusos pasados del fuego sagrado. Y, por lo tanto, ni una jota o tilde de la ley del karma ha de pasar, hasta que todo se cumpla en la libertad del fuego violeta.

Si deseáis tener el beneficio de esta milagrosa energía, si deseáis que os visite el genio de la lámpara de la libertad, el propio maestro Saint Germain, solo tenéis que hacer el llamado. Pues el fíat de Dios Todopoderoso se ha emitido y es ley cósmica: ¡El llamado obliga la respuesta! Pero es un llamado muy especial. No es la exigencia de la conciencia humana, sino el mandato de vuestro Yo Real, vuestro propio ser verdadero, el mediador entre la Presencia YO SOY y el alma.

De esta manera, declaráis:

En el nombre del Ser Crístico y en el nombre del Dios vivo, invoco las energías del fuego sagrado desde el altar de mi corazón. En el nombre del YO SOY EL QUE YO SOY, invoco la llama violeta para que resplandezca desde el centro de la llama trina, desde el núcleo de fuego blanco de mi propia Presencia YO SOY, multiplicada por el impulso acumulado del bendito Maestro Ascendido Saint Germain. Invoco esa luz para que penetre mi alma y active la memoria de la libertad de mi alma y el diseño original del destino de mi alma.

Invoco la llama violeta transmutadora para que atraviese mis cuatro cuerpos inferiores y la conciencia de mi alma y transmute la causa y núcleo de todo lo que sea inferior a mi perfección Crística, todo lo que no se ajuste a la voluntad de Dios para mi corriente de vida.

Por lo tanto, que sea hecho por las lenguas hendidas del fuego del Espíritu Santo en cumplimiento de la acción de ese fuego sagrado; como arriba, así abajo. Y lo acepto hecho en esta hora, con el pleno poder del Dios vivo, quien incluso ahora declara en mi alma: YO SOY EL QUE YO SOY.

Cuando empecéis a usar la llama violeta, tendréis sentimientos de alegría, de ligereza, esperanza y renovación de la vida, como si las nubes de depresión se estuvieran disolviendo por medio del sol de vuestro propio ser. Y la opresión de las energías muy oscuras, húmedas y frías de esclavitud humana se derrite literalmente con el calor ferviente de los fuegos violetas de la libertad.

Que las energías de la llama violeta dejen al descubierto vuestro Verdadero Yo, mientras hacen desaparecer las incrustaciones del yo sintético. Que la llama violeta produzca en vosotros las obras de Dios.

7

UNA MEDITACIÓN DEL CORAZÓN

A medida que contemplas la luz de la llama violeta, por favor ve al interior del corazón. Cierra los ojos y entra allí. Mira tu corazón con los ojos cerrados. En primer lugar, observa la luz blanca. Es una antorcha de fuego que destella. Mírala a unos siete centímetros de altura en el centro de tu pecho.

Visualízate en meditación, mientras invocas el Sol de tu propio ser, ese magnífico átomo del Ser. Es tu energía. Y, en todo momento de cada día y noche, decides qué hacer con esa energía.

Visualiza la cavidad torácica como un sol brillante (toma una imagen con el ojo de tu mente del sol al mediodía cuando mires a lo alto en el cielo y veas esa bola de fuego que gira. Es una esfera ardiente, tan encendida e intensa que no puedes mirarla. Ahora visualiza ese sol en tu corazón). Entra en esa cámara interna y visualízate suspendido en esa esfera de conciencia.

Ahora siéntete, mientras sigues las líneas de tu cuerpo, desde las extremidades hasta el corazón. Siente que aprietas tus ojos conscientemente. Tensa tus pies, los tobillos, los talones, las pantorrillas y las rodillas.

Siente que atraes la energía como si estuvieras estirando los músculos, pero tus músculos no se mueven. Son los músculos de tu mente que indican a tu cuerpo dónde se encuentra la energía en un momento dado. Esta energía se está moviendo, se acerca al corazón, todo fluye hacia el corazón.

Siente cómo la energía fluye desde la punta de los dedos, hacia los brazos, los codos, los hombros hasta tu corazón. Siente cómo tus energías fluyen desde la cabeza, la mente y se centran todas en el corazón, para que este sea el centro de la conciencia, de la autopercepción.

A medida que estás absorto en este gran fuego, recuerda que Dios está centrado en ese fuego. Esta es tu fuente en este plano de la materia. Debes concentrarte en este lugar para comenzar tu meditación.

Esta es una nueva clase de concentración. Es soltar el ensimismamiento de la mente, que está en neutro. Pero toda la energía de la conciencia que está más allá de la mente, del alma y el cuerpo está fluyendo hacia el corazón.

Ahora, observa el fuego violeta como un punto del tamaño de la cabeza de un alfiler en tu corazón. Que el ojo de tu mente se concentre en esa cabeza de alfiler. Mírala como el comienzo, el vórtice de la llama violeta desde el punto de la cabeza del alfiler. No desvíes tu mirada de ese punto.

A medida que medites en él, verás que la llama violeta brota desde su centro y comienza a entretejerse en el sentido de las agujas del reloj. Ahora usa una fórmula hablada para que se libere más la luz, la energía y la conciencia de la llama violeta.

Las oraciones y las afirmaciones pronunciadas en voz alta son poderosas. En la antigüedad, se conocía como el arte de la invocación. En nuestra época, tenemos la ciencia de la Palabra hablada, que se utiliza en decretos que son como poemas dinámicos hablados, cortos y rítmicos.

Las palabras cambian el mundo material. Como Dios pronunció:

«Sea la luz y fue la luz». Podemos enfocar esta luz y convertirnos en cocreadores a través de la Palabra hablada.

Cuando digas estos versos en voz alta, que las palabras fluyan casi de manera automática mientras toda tu concentración esté en ese punto.

Permanece centrado en tu corazón, donde veas el principio del vórtice de la llama violeta. Mientras mantienes una fuerte visualización, repite las palabras para reforzar la matriz de energía; crea con sonido y ritmo.

> Radiante espiral de la llama violeta
> ¡Desciende y destella a través de mí!
> Radiante espiral de la llama violeta
> ¡Libera, libera, libera!
>
> Radiante llama violeta, oh, ven
> Impulsa y destella tu luz en mí!
> Radiante llama violeta, oh, ven
> Revela el poder de Dios para todos
> Radiante llama violeta, oh, ven
> ¡Despierta la Tierra y libera
>
> ¡Resplandor de la violeta, ven
> Estalla y bulle a través de mí!
> ¡Resplandor de la llama violeta ven
> Que todos te vean, expándete!
> ¡Resplandor de la llama violeta, ven
> Transmuta ahora todo temor!

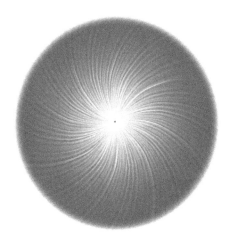

8

LLAMA VIOLETA PARA EL KARMA PERSONAL Y MUNDIAL

Como nuestro patrocinador para la era de Acuario, Saint Germain desea ayudarnos a resolver nuestros dilemas kármicos, de manera que podamos alcanzar nuestro potencial más elevado. Su solución: la llama violeta. Nos dice:

> El karma es el peso que impide que el alma se eleve. El karma afecta todas las decisiones. Afecta los contratos: negocios, matrimonio y otros asuntos; a los que llegan a vuestra vida, y a los que no, y a los hijos que podáis tener.
>
> Todos los días, a medida que porcentajes de karma pasan por la llama violeta y ratificáis esa transmutación mediante buenas acciones, palabras y obras de amor y de servicio, estáis aligerando la carga y, por lo tanto, os estáis elevando a nuevos planos de manifestación, nuevas

relaciones [. . .] Cuanto menos karma tengáis, mayor es vuestra oportunidad día tras día.[1]

Los que usamos la llama violeta de manera habitual en nuestras oraciones, observamos el alivio de la carga y del sufrimiento de la familia y de amigos. Ha aumentado nuestra creatividad y nos ha ayudado a vencer los obstáculos para la sanación de problemas físicos o dificultades emocionales. Nos ha impulsado a transitar los desafíos principales de la vida. Nos ha ayudado a perdonar a los demás y a superar las experiencias dolorosas.

Con el uso regular, la llama violeta puede traer un cambio positivo en tu vida y transmutar la acumulación de karma humano que podría dar como resultado la oscuridad que se ha profetizado para nuestra época. En síntesis, la llama violeta nos brinda la óptima oportunidad para la autotransformación y para la transformación mundial. Es exactamente por esta razón que Saint Germain, por su gran compasión hacia nuestra alma, nos otorgó el regalo de la llama violeta.

Los adeptos espirituales han utilizado la llama violeta durante mucho tiempo. En el pasado, la gente de la Atlántida también la usó cuando su civilización de la era dorada estaba en su apogeo. Con el tiempo, su utilización incorrecta hizo que en siglos posteriores solo se confiara sus secretos a unos pocos. Pero a principios de la década de 1930, Saint Germain volvió a presentar la llama violeta al mundo.

¡Qué gran esperanza! ¡Qué gran corazón debe haber tenido Saint Germain ese día cuando literalmente desplegó las grandes cintas de llama violeta con las que nos ha bendecido desde entonces!

TRANSMUTAR EL KARMA
CON ANTICIPACIÓN

Actualmente, Saint Germain está patrocinándonos para que usemos la llama violeta, pues quiere que superemos los desafíos kármicos que se ciernen en el horizonte, antes que tengan la oportunidad de derrotarnos. Pues sabe que a menos que invoquemos la llama violeta para transmutar nuestro karma negativo, tarde o temprano, nos veremos forzados a equilibrarlo de otras maneras, que pueden restringir seriamente nuestras opciones.

Saint Germain explica que la llama violeta tiene la capacidad de cambiar las condiciones físicas, porque, de todas las llamas, esta es la más cercana en acción vibratoria a los componentes de la materia. «La llama violeta puede combinarse con cualquier molécula o estructura molecular, cualquier partícula de la materia conocida o desconocida, y con cualquier onda luminosa, electrón o electricidad», comenta. Donde sea que las personas se reúnan para dar oraciones de llama violeta, «allí se observa de inmediato una mejora en las condiciones físicas».

La llama violeta puede consumir literalmente la escoria en y entre los átomos del ser. Es como sumergirlos en una solución química que va disolviendo, capa por capa, la suciedad que ha quedado atrapada allí durante miles de años.

Un factor importante en el flujo de energía es el karma. Es el efecto de causas que pusimos en marcha en el pasado, ya sea hace diez minutos o diez encarnaciones. Todos hemos aprendido acerca del karma a lo largo de nuestra vida. No lo llamamos de esa manera. En cambio, escuchamos: *Lo que emitimos, eso se devuelve. Todo lo que el hombre sembrare, eso también segará. Para toda acción existe una reacción igual y opuesta. Y al final, el amor que recibes es igual al amor que das.*

La energía fluye a nosotros desde Dios, de manera constante. Y en todo momento estamos decidiendo si le daremos un giro positivo o negativo. Por la ley del círculo, la ley del karma, esa energía volverá a nosotros. Cuando la energía positiva regresa, vemos que vienen cosas positivas a nuestra vida. Imponemos nuestro sello negativo en la energía cuando la hemos usado para hacer daño y no para ayudar a los demás; también regresa a su fuente, pero esta vez busca su resolución. Vuelve como una oportunidad para corregir las cosas. Cuando no la transformamos en algo positivo, simplemente no desaparece. Se acumula y calcifica luego en nuestro mundo físico, mental o emocional. Como resultado de este caos kármico, no nos sentimos tan livianos, libres, felices, vibrantes y espirituales como podríamos.

La energía negativa también se puede reforzar a gran escala, cuando grupos de personas contribuyen, por ejemplo, a la contaminación, al prejuicio y a la persecución. Cuando este «karma grupal» regresa en masa, puede tener consecuencias a gran escala, tales como guerras, cambios terrestres, que los profetas han vaticinado para nuestro tiempo. El modo en que lidiemos con nuestra karma individual y grupal determinará si estas profecías llegarán a suceder.

LA CLAVE PARA UN NUEVO MUNDO

Dannion Brinkley en su libro *Salvado por la luz* da un relato revelador acerca de sus experiencias cercanas a la muerte (ECM). Al igual que otros que han tenido experiencias semejantes, cuenta que atravesó un túnel y que lo escoltó un ser de luz. Pero a diferencia de otras personas que tuvieron ECM, recuerda dónde fue y qué vio con muchos más detalles.

Durante su primera ECM, un ser de luz guio a Dannion a una ciudad de catedrales de cristal, que en realidad eran salones de aprendizaje. En una de estas catedrales, trece seres de luz le revelaron acontecimientos que podrían acontecer en el futuro. De las 117 revelaciones que recuerda, casi cien ya han sucedido.

Dannion habló de las experiencias que cambiaron su vida en una conferencia espiritual que llevamos a cabo en julio de 1997. Después de ella, me contó que, durante sus viajes cercanos a la muerte, vio la llama violeta. Relató:

> He visto y he sentido la llama violeta. Cuando se pasa de este mundo al siguiente, te conviertes automáticamente en la llama. Te conectas con ella. Lo he hecho. Cuando atraviesas la llama violeta, te conectas a una nueva dimensión. Agregó: Toda ciudad de cristal tiene la llama violeta, así como también todas las llamas espirituales. Pero la llama violeta es la llama superior. Es el lugar más puro de amor. Es lo que realmente te otorga poder.

Dannion continuó compartiendo conmigo lo que ha aprendido acerca de la llama violeta.

> La llama violeta es una luz que sirve a todos los legados espirituales, que otorga respeto y dignidad a todas las cosas. Nos da una manera de conectarnos entre sí. Esa llama está

en nuestro interior. Nosotros *somos* esa llama.

Un nuevo mundo está llegando. Cambiará todos los días. Sí, habrá algunos momentos turbulentos, pero está cambiando para mejor. Y la llama violeta vendrá y crecerá y los que trabajan con esa llama contribuirán a ese nuevo mundo.

Si tienes algo que crece y resplandece con mayor brillo que ninguna otra cosa en lo más íntimo de tu ser: la llama violeta, entonces, no importa qué transiciones atravieses en los próximos años, tendrás un lugar tranquilo y apacible en el interior.

9

AFIRMACIONES Y DECRETOS

En este capítulo, ofrecemos oraciones específicas, afirmaciones y decretos de llama violeta que se pueden usar para traer soluciones espirituales a los desafíos profetizados de nuestro tiempo. También hemos incluido sugerencias de visualizaciones y meditaciones que pueden mejorar la práctica espiritual y ayudarte a cumplir tu propósito singular en la vida.

Un ejercicio eficaz para comenzar el día es el decreto de «Corazón, Cabeza y Mano». Este grupo de afirmaciones ayudan a purificar y energizar del corazón, cabeza y mano para tener una mayor conexión con la mente, el corazón y el cuerpo.

El corazón es el lugar en el que comulgamos con Dios. Es el centro desde el cual enviamos nuestro amor para nutrir a la humanidad. Nuestra cabeza es el cáliz en el cual recibimos los pensamientos creativos de Dios y de nuestro Yo Superior. Nuestras manos representan

el modo en que ponemos en práctica nuestra espiritualidad. Los tres: corazón, cabeza y mano son una parte
integral de nuestra espiritualidad.

CORAZÓN, CABEZA Y MANO

Comenzamos con el corazón, porque es el núcleo
de la vida, física y espiritualmente. Con el mantra del
«Corazón», invocamos el poder transmutativo de la
llama violeta. Capa por capa, la llama violeta puede
disolver los sentimientos negativos y el karma que obstruye el flujo de energía a través del corazón. El mantra
del «Corazón» nos ayuda a desarrollar las cualidades
del corazón. Nos impulsa a abrirnos más, a ser más
sensibles y compasivos ante las dificultades de tantas
personas, que necesitan de nuestro amor y plegarias.

El mantra «Cabeza» despeja las facultades físicas
y espirituales de la mente, de manera que podamos
pensar y comunicarnos de manera más clara. Nos
ayuda a fortalecer nuestras facultades intuitivas y
desarrollar una percepción más aguda de las dimensiones espirituales.

En el mantra «Mano», afirmamos nuestra aso-
ciación con el Espíritu y decimos: «Cuando uno
mis manos a las de Dios, nada será imposible». La
mano simboliza el poder Divino de hace que las cosas

sucedan, a través de nuestra profesión, nuestro servicio a la vida, las cosas grandes y pequeñas que hacemos por los demás todos los días. A través de nuestras manos, podemos transferir una enorme energía y sanación.

Con este mantra, también afirmamos que seguiremos el «Camino medio», como el Buda Gautama enseñó a sus discípulos.

Después de su propia experiencia, Gautama dijo que la mejor manera de progresar espiritualmente es llevar una vida equilibrada, sin sucumbir a los extremos del ascetismo o la indulgencia.

Visualización y meditación:

A medida que recites el mantra «Corazón», visualiza la llama violeta en tu corazón como una luz violeta pulsante que lo suaviza y permite que se abran los pétalos del chakra de tu corazón. Mira cómo la llama violeta transforma la ira en compasión, la amargura en dulzura, la ansiedad en paz.

Cuando recites el mantra «Cabeza», visualiza la llama violeta que salta desde tu corazón y penetra en tu cabeza para despejar tu mente de todos los bloqueos mentales, imágenes negativas y conceptos limitantes acerca de ti mismo y de los demás. Mira cómo tu mente se llena con la luz brillante de Dios.

Cuando des el mantra «Mano», visualiza la llama violeta, mientras disuelve la causa, efecto, registro y memoria de aquellos asuntos en los que «tus manos intervinieron» y hubieras preferido no haberlo hecho. Puedes dar cada sección que se presenta más abajo tres veces o tantas veces como desees.

Corazón

Fuego violeta, divino amor
¡Llamea en este mi corazón!
Misericordia verdadera tú eres siempre,
Mantenme en armonía
Contigo eternamente.

Cabeza

YO SOY luz, tú Cristo en mí.
Libera mi mente ahora y por siempre
Fuego violeta, brilla aquí
Entra en lo profundo de esta mi mente.

Dios que me das el pan de cada día
Con fuego violeta mi cabeza llena
Que tu bello resplandor celestial
Haga de mi mente una mente de luz

Mano

YO SOY la mano de Dios en acción
Logrando la victoria todos los días;
Para mi alma pura es una gran satisfacción
Seguir el sendero de la Vía Media

LA LUZ BLANCA

El siguiente grupo de afirmaciones refuerza nuestro «Tubo de luz» de protección, que se muestra en la Gráfica de tu Yo Divino (página 84). El tubo de luz es un escudo de una luz blanca protectora que mide cerca de tres metros de diámetro, el cual desciende de Dios y el YO SOY EL QUE YO SOY encima de ti y se extiende por debajo de tus pies.

El tubo de luz puede protegerte contra energías malévolas que alguien puede dirigirte a través de su ira, condena, odio o celos. Cuando careces de protección, esas energías negativas pueden volverte irritable o deprimirte, incluso pueden ocasionarte accidentes.

La luz blanca puede también protegerte de la atracción de la conciencia de las masas. Cuando nos sentimos exhaustos después de un viaje a la ciudad o después de un día de compras durante las vacaciones, a menudo se debe a que nuestra luz se ha agotado.

El tubo de luz nos ayuda a permanecer centrados y en paz.

Es una buena idea que des el decreto del tubo de luz todas las mañanas, antes de que comience el ajetreo del día.

Si a lo largo de la jornada, te sientes falto de energía, exhausto o vulnerable, puedes repetir este decreto cada vez que sea necesario. «El tubo de luz es invencible», dice Saint Germain. «Reforzadlo después de haber estado durante un tiempo en medio de mucha gente y en el mundo comercial. Retiraos por unos minutos. ¡Restableced el fuego!».

Visualización y meditación:

Al recitar el decreto del «Tubo de luz», visualiza la intensa luz blanca de tu Presencia YO SOY, más brillante que la luz del sol sobre la nieve recién caída, que se funde para formar un muro impenetrable de luz a tu alrededor. En el interior de ese tubo de luz centelleante, imagínate a ti mismo envuelto por la llama violeta. En el transcurso del día, puedes reforzar de vez en cuenta esta protección espiritual, al visualizar el tubo de luz a tu alrededor mientras repites este decreto.

Tubo de luz

Amada y radiante Presencia YO SOY,
Séllame ahora en tu tubo de luz
De llama brillante Maestra Ascendida
Invocada ahora en el nombre de Dios
Que mantenga libre mi templo aquí
De toda discordia enviada a mí.

YO SOY quien invoca el fuego violeta
Para que arda y transmute todo deseo
Persistiendo en nombre de la libertad
Hasta que yo me una a la llama violeta

PERDÓN

El siguiente decreto es para el perdón. La llama violeta es una llama de perdón. El perdón no siempre es fácil, pero sin él no podemos progresar espiritualmente. Cuando nos rehusamos a perdonar a un amigo o a un supuesto enemigo que nos ha dañado, incluso que lo sigue haciendo una y otra vez, nos atamos no solo a esa persona, sino a su ira. Por lo tanto, no nos liberamos de verdad hasta que no resolvemos la ira y equilibramos el karma.

Puede haber momentos en los que sentimos que

no podemos perdonar a alguien, porque creemos que ha cometido un crimen muy grande contra nosotros o contra un ser querido. En una situación como esta, Dios me ha enseñado que debemos perdonar al alma y pedir a Dios que ate el yo irreal de la persona, que lo ha incitado a cometer el crimen. Sin importar la conducta errónea de una persona, deberíamos perdonar al mal y de este modo evitar un enredo kármico. El odio ata; el amor libera.

Desde el punto de vista espiritual, cada vez que no perdonamos a alguien, estamos poniendo una barrera entre nosotros y otra parte de Dios. Y algunas veces, la persona más importante a quien debes perdonar es a ti misma.

Visualización y meditación:

Mientras das el mantra del «Perdón», envía tu amor y perdón a todos a quienes has hecho daño alguna vez y a todos los que te han hecho daño, mientras entregas las situaciones en manos de Dios.

Perdón

YO SOY el perdón aquí actuando
Arrojando las dudas y los temores,
La victoria cósmica despliega sus alas
Liberando por siempre a todos los hombres.

YO SOY quien invoca con pleno poder
En todo momento la ley del perdón
A toda la vida y en todo lugar
Inundo con la gracia del perdón.

LA LUZ DEL CORAZÓN

Muchas tradiciones espirituales nos dicen que el corazón debe ser la parte central de nuestra espiritualidad. Saint Germain ha escrito una hermosa oración llamada YO SOY la luz del corazón, para celebrar la llama divina en nuestro corazón y para ayudarnos a centrarnos en el corazón. Dice:

Vuestro corazón es en verdad uno de los mejores dones de Dios. Hay una cámara central en su interior, rodeada de una luz y una protección tal, que la denominamos un «intervalo cósmico». Es una cámara separada de la materia y ninguna investigación podría alguna vez descubrirla.

Ocupa al mismo tiempo no solo la tercera y la cuarta dimensión, sino también otras dimensiones desconocidas para el hombre. Por lo tanto, es el punto de conexión del poderoso cordón cristalino de luz que desciende desde vuestra Presencia divina para sostener el latido de vuestro corazón físico y otorgaros la vida, el propósito y la integración cósmica.

Os insto a todos a que atesoréis este punto de contacto que tenéis con la vida, al darle un reconocimiento consciente. No necesitáis comprender mediante un lenguaje elaborado o una postulación científica el cómo, el porqué y el para qué de esta actividad.

Conformaos con saber que Dios está allí y que existe en vosotros un punto de contacto con lo Divino, una chispa de fuego desde el propio corazón de Dios, que llamamos la llama trina de la vida. Allí arde como la esencia trina de amor, sabiduría y poder. Cada vez que hagáis un reconocimiento diario a la llama en vuestro corazón, se amplificará el poder y la iluminación del amor en vuestro ser. Cada consideración que prestéis producirá una nueva sensación de dimensión para vosotros, si no es en la apariencia externa, entonces se manifestará de manera subconsciente, en los pliegues de vuestros pensamientos internos.

No descuidéis, entonces, a vuestro corazón como el altar de Dios. No lo descuidéis como el sol de vuestro ser manifiesto. Atraed desde Dios el poder del amor y amplificadlo en vuestro corazón. Luego enviadlo al mundo en general, como el baluarte de lo que vencerá a la oscuridad del planeta [...]

Recordad que en tanto estéis frente a la luz, las sombras siempre están detrás. Y la luz está allí, también para transmutarlas.[1]

Visualización y meditación:

Mientras recitas «YO SOY la luz del corazón», visualiza la luz que desciende desde tu Presencia YO SOY y Santo Ser Crístico hasta tu corazón, donde se liberará de acuerdo con la matriz hablada de tu decreto.

Luego, centra tu atención en tu corazón. Imagina el brillo del sol al mediodía y transfiere esa imagen al centro de tu pecho, donde está ubicado el chakra del corazón.

Ahora, mira miles de rayos de sol que salen de tu corazón para penetrar y disolver cualquier oscuridad, desesperanza o depresión, primero en ti mismo y luego en la gente del mundo.

Proyecta tu amor (que en realidad es el amor de Dios) hacia el mundo. Mira ese amor como intensos y ardientes rayos láser de color rosa, que derriban todas las barreras para el éxito de tus relaciones, tu familia, tu crecimiento espiritual, tu carrera, tu vecindad o tu nación.

YO SOY la luz del corazón

YO SOY la luz del corazón
Brillando en las tinieblas del ser
Y transformando todo en el dorado tesoro
de la mente de Cristo

YO SOY quien proyecta mi amor
Hacia el mundo exterior
Para derribar las barreras
Y borrar todo error.

YO SOY el poder del Amor infinito
Amplificándose a sí mismo
Hasta que sea victorioso
Por los siglos de los siglos.

YO SOY LA LLAMA VIOLETA

«YO SOY la llama violeta» es un poderoso decreto que puedes repetir muchas veces para construir una poderosa acción de transmutación.

Visualización y meditación:

Observa cómo la llama violeta entra a tu vida como si estuvieras mirando una película. Las llamas se elevan y palpitan a tu alrededor con diferentes matices y gamas de púrpura, rosa y violeta.

Visualiza estas llamas que pasan a través de tu cuerpo, acarician cada órgano y restablecen la integridad. Visualízalas mientras saturan tu mente, tus emociones y alivian todas las cargas.

Una de mis visualizaciones favoritas para este decreto es la de ver los siete mares llenos de llama violeta. Medita en el poder de los siete mares y luego traslada esa imagen a un mar gigante y apacible de llama violeta que envuelve todo el planeta. Imagina su peso, su poder y su energía. La llama violeta tiene la capacidad de transformar totalmente la tierra, el aire y las aguas.

Puedes aplicar este decreto a situaciones específicas. Puedes ver la llama violeta que transmuta la contaminación de un río local o limpia la contaminación sobre tu ciudad. Puedes focalizarte en los niños del mundo. Visualízalos ante ti; comienza en primer lugar con los niños de tu propia vecindad y continúa con

los niños necesitados del mundo. Visualiza la llama
violeta que retoza y danza, mientras los envuelve y
transforma sus cargas en alegría.

YO SOY la llama violeta

YO SOY la llama violeta
   En acción en mí ahora
YO SOY la llama violeta
   Solo ante la luz me inclino
YO SOY la llama violeta
   En poderosa fuerza cósmica
YO SOY la luz de Dios
   resplandeciendo a toda hora
YO SOY la llama violeta
   brillando como un sol
YO SOY el poder sagrado de Dios
   liberando a cada uno

- 10 -

EL GRAN MISTERIO DE LA LLAMA VIOLETA

por un Maestro de llama violeta

Hablemos de la maestría de la llama violeta, ya que estáis familiarizados con ella y no os produce temor, como lo hacen a veces las llamas físicas del fuego de la Tierra. Por lo tanto, amados, tomad asiento en la llama violeta [...]

Al visualizar la llama violeta, comenzáis a concentraros y como resultado alcanzáis la maestría Divina. Visualizad el fuego en el corazón, entonces y que la llama violeta arda en el corazón y lo rodee [...]

Y cuando conozcáis vuestros mantras de memoria, como muchos de vosotros, entonces sentaos en profunda meditación y que la llama violeta aumente su tamaño, primero en el interior, que luego incluya al corazón físico y al chakra del corazón. Que la acción de la llama violeta se intensifique mediante vuestra visualización y la intensidad de vuestro llamado. Que luego se expanda lentamente, de manera que, al ser tan intensa, no podáis ver a través de la llama, pues se ha convertido en una densa manifestación del rayo violeta de luz, ya que ha descendido desde el sol y ha surgido como una llama en vuestro punto de invocación [...]

EL MISTERIO DEL MANTRA

Vuestro punto de invocación es el chakra de la garganta. Se puede definir también como el plano de la encarnación de vuestra alma. Por lo tanto, digo: invocad la llama a través del chakra de la garganta y agregad a vuestra invocación el instrumento del chakra del corazón, por el cual derraméis amor a la llama y atraigáis amor desde la llama. Usad el tercer ojo para invocar la llama violeta, mediante una visualización intensa que atraiga la llama hacia el tercer ojo y otorgue a la llama el impulso del fuego sagrado de ese chakra. Entonces, usad cada uno de los chakras para meditar en la llama, para concentraros en la llama y luego dar devoción a la llama, así como recibís la devoción de la llama [...].

Cuanto más creativos seáis en el uso de la llama

violeta, más comprenderéis que la llama violeta es un ritual, que tiene una conciencia de ritual y espera con ansiedad las horas del día que habéis consagrado a invocar un mantra de llama violeta, o ¿debería decir, invocar la llama violeta a través de un mantra?

Bien, el mantra es la llama y la llama es Dios y ¡también lo es el mantra! La pregunta es: ¿Sois los tres? ¿Sois la llama, el mantra y la manifestación de Dios?

Este es el logro que ansiáis tener cuando visualizáis la llama violeta, que se eleva desde debajo de los pies, sube, mientras vibra y purifica todo nivel de vuestro ser. Luego, cuando vuestra concentración se complete en el cuerpo físico, la veáis y la sintáis, que lentamente se extienda desde vosotros como un aura con el magnetismo de la llama violeta, que aumente y se intensifique.

Y entonces, amados, cuando vayáis por el mundo, recordad poneros vuestro tubo de luz para proteger vuestro impulso de llama violeta. Pero también, estad preparados cuando veáis los ojos de un portador de luz, de un niño necesitado y de un alma que busca a Dios para que le ayude. No temáis ser el instrumento que transfiera la copa fresca de llama violeta en el nombre del Cristo [...]

No ha existido ninguna era en el pasado, desde la última era de Acuario, hace doce ciclos, en la que haya habido tanta oportunidad para la transmutación mundial, la transmutación del alma, el equilibrio del karma y el restablecimiento de vuestra alma a través del Señor y Salvador Jesucristo hasta vuestro propio potencial Crístico interno. Entonces, amados, la oportunidad es enorme.

¡Pues todos los retiros del planeta están simplemente palpitando con la alegría de la llama violeta!

Asi, como veis, amados, ¡podéis hacer lo mismo! Podéis guardar los fuegos de la llama violeta en todos vuestros chakras y en todos los niveles de vuestro ser, ya que estamento por estamento, vuestros chakras representan los siete planos celestiales. ¡Podéis elevar esos niveles, amados!

LA LLAMA VIOLETA
EN LOS SIETE CHAKRAS

Ahora, comprended, amados, el gran misterio de la llama violeta. Es una acción que puede aumentarse o disminuirse y sintonizarse con cualquier nivel de los siete chakras. Por lo tanto, la llama violeta que guardéis en el corazón tendrá una frecuencia diferente a la que tengáis en el chakra del plexo solar y así sucesivamente. Y mientras estéis subiendo los niveles de la llama violeta, desde el chakra de la base de la columna hasta el chakra de la coronilla, se produce una aceleración de la llama violeta, que afecta todos esos niveles en el cuerpo terrestre. ¡Entonces, cuando comenzáis en el chakra de la base y continuáis subiendo hacia la coronilla, estáis experimentando a Dios en los siete niveles del cielo precisamente en vuestro propio ser!

Por lo tanto, os digo: valorad los chakras en vuestro cuerpo. Valoradlos bien, amados, pues son cálices. Y el día y la hora en el que sobrevenga sobre vuestra casa o vuestro cuerpo una calamidad repentina, una enfermedad terminal o una plaga de cualquier clase, tendréis las copas llenas de llama violeta como una preciosa medicina, como un preciado ungüento que podéis usar espiritual y físicamente.

Pues donde haya focos concentrados de llama violeta y vosotros, con la alegría y amor por el amado Saint Germain y Porcia y todo lo que ellos han hecho por vosotros para guardar esa llama violeta, bien, ya veis, sois como puntos que encendéis todo un mundo con la llama violeta. ¡Sois prácticamente como un polvorín! Y alguien puede llegar e invocar la llama violeta y atrapar todo el impulso acumulado que lleváis. Y, por lo tanto, ¡la llama violeta será contagiosa! ¡Y saltará de corazón a corazón, de continente a continente, de aldea a aldea!

¿Comprendéis, amados? ¡Nuestro objetivo es ver que el planeta Tierra se convierta, como debería ser, en un planeta violeta!

LA LLAMA VIOLETA Y LOS SIETE RAYOS

¡Dichosos sois cuando tenéis iluminación! ¡Podéis pensar que os he traído la llama violeta, pero os he traído la llama violeta de la llama de la iluminación!

Ahora bien, escuchad esto. Hay una llama violeta del rayo azul. Hay una llama violeta del rayo amarillo. Existe la llama violeta del rayo rosa. Existe la llama violeta del rayo blanco. Existe la llama violeta del rayo verde. Existe la llama violeta del rayo púrpura y dorado, salpicado con rubí. ¡Y está la llama violeta del séptimo rayo de la llama violeta!

Ahora bien, por lo tanto, amados, mirad cómo la llama violeta puede clarificar en la mente, el corazón, el cuerpo y el ser todo el entendimiento, todo el conocimiento, toda la percepción, todos los sentidos y todas las funciones de los chakras. Esto puede suceder cuando estos se limpian, se vuelven a vivificar y purificar mediante el elixir de la llama violeta. Pues,

¡veis todos los colores más brillantes! ¡Veis el cristal y el núcleo de fuego blanco de cada rayo de manera más brillante!

Entonces, la llama violeta tiene un aspecto en cada uno de los siete rayos. Y cuando la invoquéis y permitáis que complemente los siete rayos, amados, aprenderéis más acerca de esos rayos de lo que habéis aprendido con solo concentraros en esos rayos solamente.

ENCENDED EL MUNDO

La llama violeta es con seguridad el aura universal del planeta en esta hora, pues muchos ángeles, elementales y Guardianes de la Llama la han invocado. Digo: ¡continuad invocándola! Porque los mayores milagros vendrán a vosotros a través de esta llama combinada con otras.

Yo y todo el sacerdocio de Melquisedec, que está aquí conmigo os traemos velas esta noche, velas de la llama violeta. La cera o la sustancia semejante es del color de la llama violeta y la llama es de color de la llama violeta.

Ahora, tomad vuestra vela, amados. ¡Sostenedla ante vosotros! ¡Estad en paz! ¡Sed un Guardián de la llama! *¡E id a encender el mundo con llama violeta!*

EL PORTAL HACIA EL INFINITO

por Saint Germain

Sé que en vuestro corazón está el deseo de saber y comprender lo que Dios os ha designado hacer en esta y en vidas pasadas. Sé que tenéis un profundo deseo de cumplir con todo, para poder entrar al próximo mundo con vuestra misión plenamente lograda.

Puedo aseguraros que la llama violeta os ayudará a acelerar esa misión, así como también esas espirales de luz que están en el mismo átomo y célula de vuestro ser. Os aseguro que podéis encapsular y acelerar el tiempo, que en diez años veréis que habréis logrado lo que sin la llama violeta os llevaría un siglo alcanzar. La llama violeta acorta la distancia. Aumenta las posibilidades en todo momento y hora. Acelera el funcionamiento de la mente y la capacidad de rejuvenecimiento del cuerpo.

Si buscáis el elixir de la eterna juventud, os digo que es la llama violeta. ¡Bebedlo a diario! Si buscáis la regeneración de ciertas partes del cuerpo, si buscáis la renovación de la mente, el corazón e incluso que la espiral de la llama de la resurrección envuelva todo vuestro ser, invocad el poder, la sabiduría y el amor de la Trinidad y lluvias sobre lluvias sobre lluvias de la llama violeta del séptimo rayo.

Entonces, conoced y descubrid la alquimia del Espíritu. No os lamentéis por las horas, los años o los días perdidos, sino sabed que, desde este momento del eterno Ahora, podéis vivir en la eternidad, mientras aún estáis andando en la Tierra en estas formas que todavía usáis. Podéis renovaros cada día y podéis recorrer ese sendero perfecto, debido a la llama violeta.[1]

Hijos del Sol, vosotros tenéis una memoria antigua y sois uno con las fuerzas de la luz. Habéis aguardado diez mil años y más esta hora de vuestra venida y de la mía para la ferviente entrega del séptimo rayo a una era abrumada con la acumulación del karma, no solo de dos mil años, sino de muchos más [...].

En efecto, es bien posible para vosotros trascender todos los ciclos de vuestro karma en esta era. Pero cualquiera que sea vuestra vocación o la elección de vuestra alma, no puede realizarse, sin el don del

Espíritu Santo a vosotros, que es la llama violeta; y de verdad se os otorga en esta hora. Y no existe un mantra más necesario para vuestra liberación y vuestra supervivencia, ¡pues la llama violeta es una llama física!

Y, amados, los átomos físicos de la Tierra están sobrecargados con enfermedad, muerte, toxinas y contaminantes químicos que agobian el cuerpo e impiden que la mente sea el cáliz de la mente de brillo diamantino de Dios, que es vuestra herencia legítima del Cristo universal [...]

Por lo tanto, amados míos, quienes me habéis conocido desde siempre y quienes apenas os habéis familiarizado conmigo recientemente, os digo que tomé el nombre de Saint Germain, porque significa «hermano santo». Que penséis siempre en mí como vuestro amigo y hermano en el Sendero. Y sabed que no puedo entrar en vuestro mundo a interceder por vosotros, a no ser que pronunciéis mi nombre, en el nombre de Dios y lo pidáis.

Por lo tanto, hacedlo a cualquier hora del día o de la noche: «En el nombre de Dios Todopoderoso, ¡Saint Germain, ayúdame ahora!». Os prometo que mi Presencia Electrónica estará a vuestro lado con la velocidad de la luz.

Y si deseáis incrementar vuestra capacidad de recibir mi asistencia, entonces utilizad los llamados a la llama violeta y ved cómo vuestra aura se tornará de un tono violeta, de manera que vuestros amigos puedan verla y sentir así el impacto del séptimo rayo.

Cuando vuestra aura está así cargada, amados, ¡puedo entrar en ella y repolarizar vuestra forma física a la luz de Dios que nunca falla, al arquetipo interno y a la imagen de Cristo en la cual sois creados!

Desde el principio hasta el fin, YO SOY Saint Germain, en unidad con los Guardianes de la Llama de todo el mundo. Oh, amados, ¡dejadme que os ayude! Recibidme ahora como vuestro amigo eterno.[2]

¡La llama violeta graba en fuego y en cristal la imagen del hombre divino que sois! No es solo para la transmutación del karma. La llama violeta es la que sella la creación en la gloria de Dios en el séptimo día y el descanso del Sabat, cuando todo lo que alguna vez realizasteis en todas las eras, ahora se tamiza mediante la llama violeta.

Y las joyas y las perlas, las virtudes, las invenciones y la música de las esferas que hayáis traído, todas estas se inmortalizan juntas con vuestra propia alma, mediante la llama violeta transmutadora. Y el resto que es digno de conservarse, es consumido bajo la ministración diligente de los ángeles del séptimo rayo [...] Benditos, lo que podéis hacer para que se produzca el cambio planetario es ilimitado. ¡Digo que es ilimitado! El poder infinito de Dios está disponible para vosotros, superior a todo el poder o las armas nucleares. Esta no es una teoría o una afirmación metafísica. Es una ley que podéis hacer física mediante la fusión del fuego espiritual en el cáliz del ser.[3]

Deseo que comprendáis la gran ecuación del siglo, que, mediante una aceleración de los decretos dinámicos de la llama violeta y el servicio amoroso a la vida, podéis saldar un porcentaje extraordinario de vuestro karma; y si alcanzáis el nivel del 51 por ciento, amados, no necesitaréis volver a encarnar, pase lo que pase en este planeta.

Esta dispensación es una gran bendición del Señor Dios, mediante la cual muchos han logrado ese punto de permanencia y bienestar, paz en los profundos recovecos del templo del ser; y así, una intrepidez que proviene de un fuego que se intensifica.[4]

Algunos de vosotros habéis venido a mí durante muchos años con asombro y consternación, debido a que no realizáis más progresos en el Sendero. Y de alguna manera habéis ignorado el solvente universal de la llama violeta.

Habéis hallado entonces, el sueño del alquimista en este fuego violeta. Utilizadlo. Usadlo como los propios Elohim lo hacen cuando planifican para dar a luz al hombre perfecto y al Hijo Divino Varón. Usad la llama violeta para trascenderos, para superaros. Es la ley de la autotrascendencia. Mirad lo que puede hacer.

Amados corazones, nunca, nunca, deseamos escuchar que se diga: «Pudo haber sido». Lo que pudo haber sido es lo que ya es pasado y no se puede recordar. Por lo tanto, preocupémonos por lo que es.

Y visualicemos la llama violeta en el nexo del reloj de arena. Y, por lo tanto, transmuta el tiempo, el Padre tiempo y los ciclos del tiempo que se acaban. Transmuta el espacio. Y en ese punto del nexo, . . . se realiza la precipitación del infinito.

Por lo tanto, hay una ampliación de la oportunidad, que significa expansión de los ciclos, trascendencia del tiempo y el espacio, de manera que ya no estáis más atados por las leyes de la mortalidad o limitación; y, por consiguiente, podéis, en el lapso de vida asignado, lograr todo lo que deseáis, todo lo que la Ley exige. Y esta expansión de vuestros días, este incremento del júbilo se relaciona con la capacidad de los átomos, células, electrones, chakras y campos energéticos de vuestro ser, de los que no tenéis conocimiento: el aumento de la capacidad para mantener la luz.

Siempre tenemos el deseo de que lleguéis a un entendimiento científico acerca del modo de incrementar esa capacidad. Comencemos con una visualización de la llama violeta en el nexo. «El tiempo no existe. El espacio tampoco». Por lo tanto, con esta sensación de infinitud, en verdad tenéis la vida eterna aquí y ahora.[5]

LA ALQUIMIA DEL AMOR

Hemos estado hablando acerca de la conexión mente y cuerpo al utilizar la llama violeta, pero el poder científico de la oración es en realidad una conexión entre la mente, el *corazón* y el cuerpo

La oración no debería ser solo un ejercicio mental o la realización de un ritual rutinario. El fuego de tu corazón y tu amor es lo que obliga a los ángeles a responder tus llamados. El amor es lo que da forma a tus deseos y lo que debe guiar nuestras visualizaciones. Por eso, cuanto más sentidas son nuestras oraciones, más cargadas están del propósito espiritual.

Saint Germain habla acerca de esta conexión mente, corazón y cuerpo; y el modo en que la llama violeta ha sido capaz de ayudar a muchos a niveles profundos a realizar progresos tanto internos como externos. En estos fragmentos, describe cómo ha suavizado el corazón y ha ayudado a sanar viejas heridas.

La llama violeta cambia la espiral descendente de los chakras y la energía negativa [. . .] ¡La llama violeta es el vivaz júbilo. . . que transforma los espíritus, las mentes, las almas y las emociones![1]

Benditos, ante todo, el mayor bien se ha producido en el propio suplicante individual. Por lo tanto, para aquellos que han amado tanto este ritual, ha habido un aumento de transmutación. Y me he ocupado, ya que me consideráis vuestro maestro y amigo, de que la llama violeta que habéis invocado se haya dirigido hacia los focos más resistentes y obstinados de vuestro propio subconsciente, en especial hacia aquellas condiciones que más habéis deseado eliminar.

Por consiguiente, en algunos de vosotros, se ha equilibrado una abundante cantidad de karma; en otros, la dureza de corazón se ha derretido de verdad alrededor del chakra del corazón. Ha venido un nuevo amor y una nueva moderación, compasión y sensibilidad hacia la vida [. . .]

La llama violeta ha ayudado en las relaciones familiares. Ha servido para que algunos se liberen y equilibren viejos karmas, viejas heridas y a encauzar a las personas de acuerdo con su vibración [. . .]

Es imposible enumerar en detalle todos los

beneficios de la llama violeta, pero ciertamente se produce una alquimia en la personalidad. La llama violeta va tras los cismas que ocasionan problemas psicológicos; estos se remontan a la primera infancia y a encarnaciones anteriores que han dejado marcas tan profundas en la conciencia que, de hecho, ha sido muy difícil liberarse de ellas vida tras vida [...]

La llama violeta es una llama considerada, amorosa... Puede ser difícil comprender cómo una llama puede tener conciencia, pero recordad que una llama es una manifestación de Dios. Una llama es la manifestación de todos los que la han servido alguna vez; incluso un mantra encarna el impulso acumulado de todos los que lo han dado [...]

Benditos, solo puedo decir que si pudierais ver cómo habéis progresado interiormente, no dejaríais de dar esos decretos grabados de llama violeta con la mayor frecuencia posible. No es necesario darlos todos a la vez, pero si hacéis el esfuerzo, podéis dotar a esos espacios de tiempo que tenéis disponibles durante el día con vuestra energía acumulada impulso de decretos en esa llama. Y, por lo tanto, como deberíais llegar a comprender, a cualquier hora del día en que invoquéis una llama o llevéis a cabo un servicio, os vincula con el karma que habéis hecho a esa misma hora a lo largo de la historia [. . .]

En los retiros etéricos donde estudiáis [cuando vuestra alma viaja fuera del cuerpo por la noche], se os muestra el hilo de filigrana de luz que se emite desde un chakra del corazón lleno de amor misericordioso. Algunos de vosotros habéis visto que han existido una cantidad tan grande de hilos, que no ha sido posible siquiera contarlos; y esas hebras de llama violeta, casi como un velo de gasa, se han dirigido directamente a los corazones de todo el planeta.

Habéis observado que estas hebras, casi tan delgadas como el cabello, son como vasijas, incluso como venas dentro del cuerpo que llevan un flujo continuo de llama violeta, lo que ha permitido que los individuos de todo el mundo se eleven, alcancen cosas que no habían logrado en muchas vidas, que experimenten esperanza, curación y un nuevo deseo de encontrar a Dios, de ser libres y de defender la causa de la libertad. . .

Durante quince minutos por día [al dar decretos de llama violeta] podéis tenerme con vosotros; y en mi presencia con vosotros, podéis entregar un impulso acumulado de llama violeta a muchas almas en el planeta.[2]

———————————————

Los invito a que experimenten con los decretos de
llama violeta y vean los resultados. Ruego que la gente
agradable del mundo se reúna con el corazón abierto,
con el espíritu de alegría y una visión de esperanza
para dar decretos de llama violeta. Yo, por mi parte,
haría esto simplemente por gratitud a Saint Germain,
quien ha continuado trabajando con nuestras almas
con un gran sacrificio personal durante miles de años.

El futuro está en verdad en nuestras manos. Nuestras decisiones ahora y en los próximos años marcarán
toda la diferencia para las generaciones venideras.

NOTAS

CAPÍTULO 1 • **Saint Germain:**
          Alquimista, adepto y visionario

1. Véase Godfré Ray King, *Misterios develados,* 3rd ed. (Chicago: Saint Germain Press, 1939), pp. 39–61.

2. Isaías 11:1.

3. Thomas Whittaker, *The Neo-Platonists: A Study in the History of Hellenism,* (Los neoplatónicos: un estudio de la historia del helenismo) 2nd ed. (Cambridge: Cambridge University Press, 1928), p. 165.

4. Victor Cousin and Thomas Taylor, trans., *Two Treatises of Proclus, The Platonic Successor* (Dos tratados de Proclo, el sucesor platónico) (London: n.p., 1833), p. vi.

5. Geoffrey of Monmouth, *Vita Merlini* (La vida de Merlín), en Nikolai Tolstoy, *The Quest for Merlin* (La búsqueda de Merlín) (Boston: Little, Brown & Co., 1985), p. 217.

6. Brendan LeHane et al., *The Enchanted World: Wizards and Witches* (El mundo encantado: magos y brujas) (Chicago: Time Life Books, 1984), p. 34.

7. Sir Thomas Malory comprendió que el rey Arturo tenía al menos dos hermanas. Una de ellas era Margause, quien se casó con el rey Loth y tuvo dos hijos, el mayor de los cuales fue Gawain. Ella u otra hermana,

alega Malory, dio a luz a Modred, hijo del rey Arturo.
(Norma Lorre Goodrich, *King Arthur* [New York:
Franklin Watts, 1986], p. 221.)

8. Henry Thomas and Dana Lee Thomas, *Living Biographies of Great Scientists* (Biografías vivas de grandes científicos) (Garden City, N.Y.: Nel son Doubleday, 1941), p. 15.

9. Ibid., p. 16.

10. Ibid., p. 17; David Wallechinsky, Amy Wallace e Irving Wallace, *The Book of Predictions* (El libro de las predicciones) (New York: William Morrow and Co., 1980), p. 346.

11. Thomas, *Living Biographies* (Biografías vivas), p. 20.

12. Wallechinsky and Wallace, *Book of Predictions* (Libro de las predicciones), p. 346.

13. Clements R. Markham, *Life of Christopher Columbus* (London: George Philip & Son, 1892), pp. 207–8.

14. Isaías 11:11, 12.

15. *Enciclopedia Británica,* 15th ed., s.v. «Cristóbal Colón»

16. El criptógrafo Dr. Orville W. Owen fue quien descubrió el cifrado de las palabras de Francis Bacon. Publicó cinco volúmenes del libro *Sir Francis Bacon's Cipher Story* (La historia en código de Francis Bacon) entre 1893 y 1895. El relato oculto en sus códigos escritos se puede construir al unir palabras, líneas y fragmentos de las obras de diversos escritores isabelinos. Por otra parte, descifrar el código biliteral es un proceso científico exacto que agrupa las letras cursivas (impresas en dos clases de letras diferentes), que aparecen con una frecuencia peculiar en las ediciones originales de las obras

de Shakespeare y otras de Bacon. Una ayudante del Dr. Owen, Elizabeth Wells Gallup, descubrió este cifrado y fue quien publicó por primera vez las historias que Bacon había ocultado en su código biliteral en 1899. Para asegurarse que su cifrado se descubriría finalmente y se revelaría su verdadera historia de vida, Bacon había descrito en detalle el método biliteral de cifrado en su versión en latín de *De Augmentis* (1624), que la señorita Gallup estudió y aplicó unos 270 años más tarde. De manera irónica, la señorita Gallup descubrió que el cifrado biliteral contenía orientaciones completas acerca de cómo construir el código escrito, que el Dr. Owen descubrió en realidad en primer lugar.

17. Will Durant, *The Story of Philosophy: The Lives and Opinions of the Greater Philosophers* (La historia de la filosofía: Las vidas y opiniones de los grandes filósofos) (Garden City, N.Y.: Garden City Publishing Co., 1927), p. 157.

18. La información detallada en los siguientes párrafos se toma de: Margaret Barsi Greene, comp., *I, Prince Tudor, Wrote Shakespeare* (Yo, príncipe Túdor, escribí a Shakespeare) (Boston: Branden Press, 1973), pp. 56–75 y Alfred Dodd, *The Martyrdom of Francis Bacon* (El martirio de Francis Bacon) (New York: Rider & Co., n.d.), p. 25.

19. Barsi Greene, *I, Prince Tudor* (Yo, el príncipe Túdor), p. 217.

20. Ibid., pp. 219–20.

21. Palas Atenea estaba representada a menudo con un casco y una armadura completa en su defensa de la verdad. Las tradiciones de la antigua Grecia la retratan de

pie sobre su majestuoso templo, con una lanza dorada que, con los destellos del sol naciente, parecía temblar. Por eso, se la conoce como la «agitadora de la lanza».
22. Saint Germain, 4 de noviembre de 1966.
23. Barsi Greene, *I, Prince Tudor* (Yo, el príncipe Túdor), pp. 239, 243.
24. Saint Germain, 14 de octubre de 1991.
25. Saint Germain, 3 de septiembre de 1973.

CAPÍTULO 2 • Un fuego sagrado
1. Saint Germain, *Perlas de Sabiduría,* vol. 15, no. 26.

CHAPTER 5 • El poder del sonido
1. Para poder ascender en el pasado, se exigía que los individuos equilibraran el 100 por ciento de su karma mientras estaban aún encarnados. Bajo la dispensación de la era de Acuario, las personas pueden ascender después de saldar el 51 por ciento de su karma y pueden equilibrar el 49 por ciento restante desde el mundo celestial. Para una mayor información acerca del proceso de la ascensión, véase: Annice Booth, *El camino a la inmortalidad:* (Porcia Ediciones, 2004)

CAPÍTULO 8 • Llama violeta para el karma personal y mundial
1. Saint Germain, 16 de abril de 1988.

CAPÍTULO 9 • Afirmaciones y decretos
1. Saint Germain, 12 de febrero de 1967.

CAPÍTULO 10 • **El gran misterio de la llama violeta**

Este capítulo es un extracto de las *Perlas de Sabiduría,* vol. 35, no. 37.

CAPÍTULO 11 • **El portal hacia el infinito**

1. Saint Germain, *Perlas de Sabiduría,* vol. 34, no. 64.
2. Saint Germain, *Perlas de Sabiduría,* vol. 30, no. 6.
3. Saint Germain, *Perlas de Sabiduría,* vol. 30, no. 10.
4. Saint Germain, *Perlas de Sabiduría,* vol. 31, no. 50.
5. Saint Germain, *Perlas de Sabiduría,* vol. 23, no. 32.

CAPÍTULO 12 • **La alquimia del amor**

1. Saint Germain, 2 de diciembre de 1984.
2. Saint Germain, 4 de julio de 1988.

RECURSOS PARA TU EXPERIENCIA DE LLAMA VIOLETA

www.LlamaVioletaGratis.com

Explora la llama violeta con videos, meditaciones y artículos. Además, suscríbete al *Desafío de llama violeta* y recibe correos durante treinta días para apoyar tu práctica espiritual de llama violeta.

AscendedMastersSpiritualRetreats.org

Explora el hermoso mundo de los retiros etéricos de los Maestros Ascendidos. Escucha descripciones vívidas de diferentes retiros en el podcast del sitio *Touring Heaven*.

YouTube Maestros Ascendidos TSL

Disfruta los mantras de llama violeta y las enseñanzas profundas de Elizabeth Clare Prophet acerca de la llama violeta: https://www.youtube.com/watch?v=SAJeZNimlS8&t=116s(1572) El Reto de la llama Violeta - YouTubeReto de la Llama Violeta Transmutadora de 30 días (llamavioletagratis.com)

Recursos en The Summit Lighthouse

Nuestro sitio web tiene muchos artículos acerca de la llama violeta y técnicas acerca del modo de aplicarla a los diferentes desafíos y circunstancias de la vida: La Llama Violeta transmutadora (llamavioletagratis. com)

Visualizaciones para los decretos de corazón, cabeza y mano

www.SummitLighthouse.org/HHH-Decrees

Fraternidad de los Guardianes de la Llama

Visita https://www.guardianesdelallama.org/ para que descubras cómo puedes unirte a una fraternidad espiritual patrocinada por Saint Germain. Incluye el acceso a enseñanzas confidenciales de Saint Germain y otros Maestros Ascendidos a través de 33 lecciones.

376 pp • ISBN 978-1-60988-252-5

Saint Germain sobre alquimia

Fórmulas para la autotransformación

«*Si piensan que la alquimia es solo algún acto de prestidigitación arcaico para convertir metales de baja ley en oro, Saint Germain sobre alquimia lo aclarará. Se trata de una transformación: transformarse uno mismo, primero de manera espiritual y luego material. Pero no se detiene allí. La alquimia tiene el propósito de transformar al propio mundo, de guiar el desarrollo de la historia*».

—Richard Nolle, autor de *Critical Astrology (Astrología crítica)*

Cuatro libros en uno; incluye *Estudios sobre alquimia, Estudios intermedios sobre alquimia,* más una sección acerca de cómo experimentar el pleno potencial de tu corazón.

MEET THE MASTER SERIES

SAINT GERMAIN

Master Alchemist

Spiritual Teachings from an Ascended Master

160 pp • ISBN 978-0-922729-95-1

Saint Germain Maestro alquimista
Enseñanzas espirituales de un Maestro Ascendido

En el siglo dieciocho, deslumbró a las cortes reales y se conoció como el Hombre Prodigioso de Europa. A lo largo de la historia, el maestro Saint Germain ha desempeñado muchos papeles clave. Hoy, es el patrocinador inmortal de la era de Acuario. Incluye sus invaluables secretos alquímicos para la transformación personal.

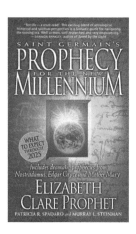

396 pp • ISBN 978-0-922729-45-6

Profecía de Saint Germain para el nuevo milenio

Incluye profecías dramáticas de Nostradamus, Edgar Cayce y Madre María

«*Estupendo, ¡una lectura obligada! Esta emocionante combinación de perspectivas astrológicas, históricas y espirituales es una guía fantástica para transitar hacia la era venidera. Bien escrito e investigado y muy inspirador*».

—Dannion Brinkley, autor de *Salvado por la luz*

Esta oportuna obra explora muchas de las profecías más convincentes para nuestra época, incluso nuevas interpretaciones de las célebres cuartetas de Nostradamus. Luego, nos presenta una energía espiritual de alta frecuencia que puede traer equilibrio, armonía y cambio positivo en nuestra vida. Las dramáticas percepciones y técnicas espirituales reveladas en este libro te mostrarán cómo moldear el futuro que deseas.

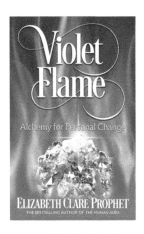

256 pp • ISBN 978-1-60988-274-7

Llama violeta

Alquimia para el cambio personal

¡Aprende cómo usar la energía espiritual de alta frecuencia para transformar tu vida y el mundo a tu alrededor!

Las tradiciones místicas de Oriente y Occidente adoptan el concepto de fuego espiritual. El libro de Elizabeth Clare Prophet acerca de la llama violeta te mostrará que el sonido, en forma de mantras, oraciones, decretos y afirmaciones puede utilizarse para invocar un fuego espiritual conocido como la llama violeta para transformar todo aspecto de nuestra vida y cambiar nuestro destino espiritual.

La señora Prophet comparte el modo en que podemos aprovechar el poder de la llama violeta, al aplicar técnicas espirituales prácticas que ayuden a restablecer la salud, el equilibrio y la armonía, así como un asistente para la creación de cambios positivos y duraderos en nuestra vida personal, en la vida de nuestros seres queridos y en el mundo que nos rodea.

112 pp • ISBN 978-0-922729-37-1

Llama violeta

Para curar cuerpo, mente y alma

«La llama violeta es una luz que sirve a todas las culturas espiri-tuales, que da respeto y dignidad a todas las cosas. Nos propor-ciona una manera de relacionarnos con los demás. En verdad, es lo que te confiere poder».

—Dannion Brinkley, autor of *Salvado por la luz*

Edgar Cayce, vidente del siglo veinte, reconoció el poder cura-tivo de la luz violeta. Dannion Brinkley vio y contactó la llama violeta en sus experiencias cercanas a la muerte. Sanadores y alquimistas han utilizado esta energía espiritual de alta frecuen-cia para traer equilibrio energético y transformación espiritual. Ahora tú puedes aplicar las técnicas prácticas de este libro para que crees equilibrio, armonía y cambios positivos en cuerpo, mente y alma.

ACERCA DE
THE SUMMIT LIGHTHOUSE

¿Estás interesado en explorar la realidad, buscar la automaestría individual y encontrar esos puntos en común con los senderos místicos de las religiones mundiales?

The Summit Lighthouse, un esfuerzo de la gran Hermandad de luz, es una comunidad internacional de estudiantes espirituales que comparten tus intereses. Publicamos las enseñanzas de los Maestros Ascendidos en más de treinta idiomas y las estudiamos para acelerar en nuestro sendero espiritual.

¿Qué son estas enseñanzas? Durante los últimos 150 años, los Maestros Ascendidos han llamado otra vez la atención de la humanidad hacia los conceptos espirituales de la ascensión, karma y reencarnación, cómo equilibrar el karma con la llama violeta, encontrar la llama gemela y las almas compañeras para acelerar el logro del plan divino, la liberación del alma a través del poder de la Palabra hablada, la oración, la meditación y el descubrimiento de tu punto de identidad con la realidad de tu Presencia YO SOY: la chispa divina en el interior. También han revelado la existencia de la Hermandad de Luz, de la cual se ha hablado durante hace mucho y que aparece en tiempos de necesidad para ayudar a la humanidad.

¿Qué es la Hermandad de Luz? Se compone de hombres y mujeres quienes dominaron el fuego del corazón, saldaron su karma, cumplieron su dharma y al final ascendieron a la luz de la Presencia de Dios. Regresan para ayudar a las almas, como tú y yo, sus amigos en vidas pasadas, a avanzar más allá del yo limitado y hacia ese Ser que realmente somos. The Summit Lighthouse tiene su sede central internacional en el Rancho Royal Teton, una hermosa tierra en las montañas Rocosas justo al norte del Parque Nacional Yellowstone. ¡Si estás en la zona, te invitamos a que nos visites para que conversemos y disfrutes de nuestras aguas termales Yellowstone! Estas hermosas aguas termales ricas en minerales están ubicadas en un espectacular entorno a orillas del río Yellowstone.

Desde cualquier parte del mundo, puedes explorar nuestras lecciones online gratuitas sobre karma, chakras, los arcángeles y la asombrosa historia de Sanat Kumara, el Anciano de Días.

Consulta también nuestra oferta gratuita de libros y suscríbete a nuestra serie gratuita de dieciséis *Perlas de Sabiduría de El discípulo y el sendero* en:
www.SummitLighthouse.org

Mientras estás allí, aprende más acerca de las enseñanzas de los Maestros Ascendidos, nuestra comunidad spiritual en el Rancho Royal Teton, seminarios de fin de semana, conferencias trimestrales, retiros de verano, *Perlas de Sabiduría* semanales de los Maestros Ascendidos, la Fraternidad de los Guardianes de la Llama y el centro de estudios más cercano a tu domicilio.

Para un catálogo gratuito de libros, CD y DVD publicados por Summit University Press, ir a:
store.SummitLighthouse.org/summit-university-press-catalog-pdf-download

The Summit Lighthouse®
63 Summit Way, Gardiner, Montana
59030 USA

Se habla español.

TSLinfo@TSL.org
SummitLighthouse.org
www.ElizabethClareProphet.com
1-800-245-5445 / 406-848-9500

ELIZABETH CLARE PROPHET es una autora mundialmente reconocida, instructora espiritual y pionera de la espiritualidad práctica. Sus revolucionarios libros se han publicado en más de treinta idiomas y se han vendido más de tres millones de copias por todo el mundo.

Entre sus obras más vendidas están *El aura humana, La ciencia de la Palabra hablada; Tus siete centros de energía; Los años perdidos de Jesús; El arte de la espiritualidad práctica;* y su exitosa serie *Libros de bolsillo para la espiritualidad práctica.*